French Glossary of Car and Driving Terms

French-English
English-French

EuroLexus series

i
impact books

First published in Great Britain in 1994 by
Impact Books
151 Dulwich Road, London SE24 0NG

ISBN 1 874687 41 2

Printed and bound by The Guernsey Press, Guernsey

ont contribué/contributors

Patricia Clarke
Claude Henri Perrin
Céline Haddad
M.J. Shields F.I.Inf.Sc., M.I.T.I.

TABLE DES MATIÈRES
CONTENTS

PRÉFACE
PREFACE

Ce lexique contient une grande variété de termes en rapport direct ou indirect avec l'un des phénomènes les plus importants du XX° siècle : le moteur à explosion. Ces termes relèvent de divers domaines, dont celui du moteur et de ses composantes, de la direction, de la transmission, de la suspension, des équipements électriques et électroniques, des accessoires et de la carrosserie. On a également tenu compte du vocabulaire de la conduite et des différents types de véhicule, du poids lourd au scooter. Les schémas proposés en annexe sont accompagnés de légendes bilingues, ce qui fait de cet ouvrage un outil de référence fort pratique pour tous ceux, professionnels, étudiants ou amateurs, qui s'intéressent aux véhicules motorisés, à l'industrie automobile et à la conduite.

This glossary contains a wide range of vocabulary generated directly or indirectly by that major phenomenon of the 20th century: the internal combustion engine. Vocabulary items are provided for areas such as the engine and its components, steering, transmission, suspension, electrics, electronics, accessories and bodywork. Coverage is also given to terms relating to driving and to various types of vehicle, from heavy goods vehicle to scooter. With appendices giving bilingually labelled diagrams, this is a highly practical reference tool for those in any way involved in or interested in motor vehicles, automotive engineering or driving.

*abréviations/*abbreviations

adj	*adjectif/*adjective
Am	American English/*anglais américain*
Br	British English/*anglais britannique*
f	*féminin/*feminine
qch	*quelque chose/*something
qn	*quelqu'un/*somebody
m	*masculin/*masculine
pl	*pluriel/*plural
sb	somebody/*quelqu'un*
sth	something/*quelque chose*
vi	*verbe intransitif/*intransitive verb
vt	*verbe transitif/*transitive verb
≈	*équivalent culturel/*cultural equivalent

A

ABS *m* ABS
ABS 4 voies *m* four-channel ABS
accélérateur *m* accelerator
accélération *f* acceleration; ***en accélération partielle*** part-throttle
accélération au point mort *f* revving in neutral
accélérer to accelerate
accélérer à vide to rev the engine
accessoire *m* accessory
accident *m* accident
accident de la circulation *m* traffic accident
accident sans tiers *m* accident without a third party involved
accoudoir *m* armrest
accouplement *m* coupling
accouplement élastique *m* rubber coupling
accouplement hydraulique *m* fluid coupling
accouplement hydrodynamique *m* hydraulic coupling
accrochage *m* collision
accumulateur *m* accumulator
accumulateur de carburant *m* fuel accumulator
acide *m* acid
acide sulfurique dilué *m* diluted sulphuric acid
acier *m* steel
acier cémenté *m* case-hardened steel
acier embouti *m* pressed steel
acier galvanisé *m* galvanized steel
acier inoxydable *m* stainless steel
acier à ressort *m* spring steel
acier au carbone *m* carbon steel
ACT (= Arbre à Cames en Tête) *m* ohc
actionner to actuate; [*frein*] to apply
actionneur *m* actuator
additif anti-détonant *m* anti-knock additive
additif anti-givre *m* antifreeze additive
additif anti-mousse *m* anti-foam additive
additif anti-oxydant *m* oxidation inhibitor
additif détergent *m* detergent additive
additif extrême pression *m* extreme pressure additive
adhérence *f* adhesion
admission *f* induction; [*temps moteur*] induction stroke, intake stroke
aérateur *m* air vent, vent
aérateur latéral *m* side air vent
aération *f* ventilation
aérodynamique *f* aerodynamics
aérodynamique aerodynamic, streamlined
aérodynamisme *m* aerodynamics
affichage digital *m* digital display,

digital readout
affleurant flush-fitting
affrètement *m* [*de camion*] charter
agent anti-mousse *m* anti-foam agent
agent dispersant *m* dispersing agent
agent épaississant *m* thickening agent
agent refroidissant *m* cooling agent
agent d'adhésivité *m* bonding agent
agent de collage *m* bonding agent
agglomération *f* built-up area
agrafe *f* clip
agrément de conduite *m* driveability
Ah (= Ampère-Heure) *m* Ah
aiguille *f* needle
aiguille d'injecteur *f* injector needle, nozzle needle, nozzle valve
aile *f* wing, fender *Am*
aileron *m* wing, fender *Am*
aileron arrière *m* rear wing
ailette *f* fin
ailette de refroidissement *f* cooling fin
aimant *m* magnet
air *m* air
air conditionné *m* air conditioning
air liquide *m* liquid air
air recyclé *m* recirculated air
air réfrigéré *m* cold air
air refroidi *m* cooled air
aire de service *f* service station
aire de stationnement *f* parking area, lay-by
alarme *f* alarm
alarme anti-bris de glace *f* shatter detector alarm
alarme antivol *f* anti-theft alarm
alarme antivol volumétrique *f* volumetric anti-theft alarm
alarme périmétrique *f* perimeter alarm
alarme télécommandée *f* remote-control alarm
alarme à ultrasons *f* ultrasonic alarm
alarme d'oubli des feux *f* lights-on warning buzzer
alcool *m* alcohol
alcool dénaturé *m* methylated spirits
alcootest *m* breathalyser test; ***faire subir l'alcootest à*** to breathalyse
alésage *m* bore
alésage de cylindre *m* cylinder bore
aléser to bore, to ream
alimentation *f* supply, feed
alimentation de secours par batterie *f* battery back-up
alimentation par injection *f* fuel injection
alliage *m* alloy
alliage anti-friction *m* bearing alloy
alliage à l'aluminium *m* aluminium(-based) alloy
alliage au magnésium *m* magnesium alloy
allumage *m* ignition
allumage classique à rupteur *m* conventional breaker ignition
allumage électronique *m* electronic ignition, breakerless ignition
allumage hybride *m* dual ignition
allumage inductif par batterie *m* battery-inductive ignition
allumage statique *m* breakerless ignition
allumage transistorisé *m*

transistorized ignition
allumage à déclenchement statique *m* breakerless ignition
allumage à rupteur transistorisé *m* transistorized ignition
allumage par bobine batterie *m* battery-coil ignition
allumage par compression *m* compression ignition
allumage par magnéto haute tension *m* high-tension magneto ignition
allumage sans rupteur *m* breakerless ignition
allume-cigare *f* cigar lighter
*s'***allumer** to fire
allumer to ignite
allumeur *m* distributor
allumeur-distributeur *m* distributor unit
alternateur *m* alternator
alternateur monophasé *m* monophase alternator
alumine *f* alumina, aluminium oxide
aluminé aluminized
aluminium *m* aluminium
ambulance *f* ambulance
aménagement intérieur *m* internal furnishings
aménagements de sécurité *mpl* safety features
amende immédiate *f* on-the-spot fine
amende de stationnement *f* parking fine
amiante *f* asbestos
amorcer [*pompe*] to prime
amortir to damp
amortissant shock-absorbent
amortissement *m* damping
amortisseur *m* shock absorber, damper, accumulator
amortisseur hydraulique *m* hydraulic shock absorber, hydraulic damper
amortisseur hydro-élastique *m* hydrolastic displacer unit
amortisseur télescopique *m* telescopic damper
amortisseur à fluide *m* hydraulic damper
amortisseur à gaz *m* gas strut
amortisseur à levier *m* lever damper
amortisseur de commande sur carburateur *m* carburettor damper
amortisseur de vibrations *m* vibration damper
amovible removable
ampère *m* ampere
ampère-heure *m* ampere-hour
ampèremètre *m* ammeter
amplificateur *m* amplifier
ampoule *f* bulb
ampoule à préconcentration *f* pre-focus bulb
ampoule de détection de chaleur *f* heat-sensing bulb
ancrage *m* anchor, anchorage
angle *m* angle
angle mort *m* blind spot
angle d'avance *m* angle of advance
angle d'entraînement *m* drive angle
angle de balayage *m* valve overlap
angle de braquage *m* turning circle
angle de carrossage *m* camber angle
angle de chasse *m* caster angle
angle de dwell *m* dwell angle
angle de fermeture *m* dwell angle
angle de phase *m* phase angle
anneau vortex d'huile *m* rotating

vortex ring of oil
anneau de retenue de charge *m* load restraining eye
anneau de synchronisation *m* synchronizing cone
anomalie *f* fault
antenne *f* aerial
antenne électrique *f* electric aerial
antenne manuelle *f* manual aerial
antiblocage de freins *m* anti-lock braking system, anti-lock brakes
antiblocage des roues *m* anti-lock braking system
anti-corrosion corrosion-resistant
anti-crevaison run-flat
antidémarrage *m* engine immobilizer
antidémarrage codé *m* (security-coded) immobilizer
anti-détonant [*carburant*] anti-knock
anti-éblouissant anti-dazzle
anti-friction *m* babbit, bearing metal, white metal
antigel *m* antifreeze
anti-mousse [*pouvoir*] anti-foam
antioxydant *m* anti-oxidant
antiparasite *m* interference eliminator
antirouille anti-rust, rust-resistant
antiroulis *m* anti-roll bar
antivol *m* anti-theft device
antivol-contact *m* ignition lock
antivol de direction *m* steering column lock
appareil transistorisé *m* solid-state device
appareil d'analyse des gaz d'échappement *m* exhaust gas analyser
appareil de levage *m* lifting tackle
appareillage électrique *m* electrical equipment, electrics
apprêt *m* primer
apprêt anti-corrosion *m* anti-corrosion primer
apprêter to precoat
appuie-tête *m* headrest, head restraint
appuyer sur to depress
aquaplanage *m* aquaplaning
aquaplaning *m* aquaplaning; ***faire de l'aquaplaning*** to aquaplane
AR (= Arrière) rear
arbre *m* shaft
arbre excentrique *m* eccentric shaft
arbre intermédiaire *m* layshaft, countershaft
arbre primaire *m* primary shaft, input shaft
arbre primaire de boîte de vitesses *m* gearbox primary shaft
arbre principal *m* mainshaft, third motion shaft
arbre secondaire *m* secondary shaft, layshaft
arbre à cames *m* camshaft
arbre à cames latéral *m* in-block camshaft
arbre à cames en tête *m* overhead camshaft
arbre à cardans *m* universal joint
arbre d'entraînement *m* drive shaft
arbre d'entraînement du ventilateur *m* fan spindle
arbre d'entrée *m* input shaft, primary shaft
arbre d'équilibrage *m* counter-balance shaft, balancer shaft
arbre d'équilibrage à rotation inverse *m* counter-rotating balancer shaft
arbre d'essieu *m* axle shaft
arbre de commande *m* drive

shaft, driving shaft
arbre de distribution *m* distributor shaft, camshaft
arbre de pompe *m* pump shaft
arbre de renvoi *m* layshaft
arbre de roue *m* axle shaft
arbre de sortie *m* output shaft
arbre de transmission *m* transmission shaft, propeller shaft, propshaft
arc électrique *m* electric arc
arceau de sécurité *m* roll bar, roll-over framework
armature *f* armature; [*de la capote*] frame
armature magnétique *f* magnet armature
armature de bourrelet *m* bead wire
arrache-moyeu/arrache-roulement universel *m* universal hub/bearing puller
arrière *m* tail
arrière *adj* rear
arrivée d'essence *f* petrol inlet
arrivée de carburant *f* fuel inlet
arrivée de liquide de refroidissement *f* coolant inlet
arrivée de la pression d'huile *f* oil pressure inlet
artère *f* arterial road
artère principale *f* main road
articulation élastique *f* rubber joint
articulation à croisillon *f* cross-type joint
asphalte *m* asphalt
aspiration *f* aspiration; ***à aspiration naturelle*** naturally aspirated, unblown
assemblage *m* assembly
assemblage porteur *m* load-carrying joint
assembler [*monter*] to assemble
assise *f* seat
assistance dépannage *f* roadside assistance
assistance des freins *f* power braking
assisté power-assisted, power
assurance *f* insurance
assurance accident *f* accident insurance
assurance auto(mobile) *f* car insurance, motor insurance
assurance dépannage *f* breakdown (and recovery) insurance
assurance panne mécanique *f* mechanical breakdown insurance
assurance tous risques *f* all-risks insurance, comprehensive insurance
assurance au tiers *f* third party insurance
assurance au tiers/incendie/vol *f* third party, fire and theft insurance
assuré au tiers insured for third party
atelier *m* workshop
atelier de carrosserie *m* bodyshop
atelier de peinture *m* paint shop
atmosphère *f* atmosphere
atomisation *f* atomization
atomisé atomized
atomiser to atomize
atomiseur *m* atomizer; [*injecteur*] sprayer
attestation d'assurance *f* certificate of insurance, green card
aube *f* vane
auto-allumage *m* running-on, self-ignition, post-ignition
auto-amorçant self-priming

autobus *m* bus
autobus à impériale *m* open-topped bus
autocar *m* coach
autocar interurbain *m* long-distance coach, motorway coach
autocar long courrier *m* long-distance coach
auto-école *f* driving school
auto-inductance *f* self-inductance
auto-lubrifiant self-lubricating
auto-lubrifié self-lubricated
automate *m* robot
automatique *f* automatic
automatisation *f* automation
automobile *f* automobile
automobile automotive
automobiliste *m* motorist
autonomie *f* [*de voiture*] range
autoporteur integral, integrated; [*carrosserie*] frameless
autoradio *m* car radio
auto-régleur self-adjusting
autoreverse *m* auto-reverse
autoroute *f* motorway, freeway *Am*
auxiliaire auxiliary
AV (= AVant) front
avance *f* advance
avance centrifuge *f* centrifugal advance
avance à dépression *f* vacuum advance
avance à l'allumage *f* ignition advance
avance à l'ouverture de l'admission *f* inlet valve opening lead
avance à l'ouverture de l'échappement *f* exhaust valve opening lead
avant front
avant et arrière fore-and-aft
avertisseur (sonore) *m* horn
avertisseur deux tons *m* two-tone horn
avertisseur lumineux *m* warning light
avertisseur optique *m* warning light
avertisseur sonore *m* warning buzzer; [*klaxon*] horn
avertisseur de marche arrière *m* reversing beeper
axe roulis *m* roll axis
axe transversal *m* cross-shaft
axe de fourchette *m* sliding selector gear bar
axe de fusée *m* king pin
axe de papillon *m* throttle spindle
axe de piston *m* piston pin, gudgeon pin
axe de piston déporté *m* offset gudgeon pin
axe de piston flottant *m* floating gudgeon pin
axe de piston semi-flottant *m* semi-floating gudgeon pin
axe de rotation *m* axis of rotation
axe de satellite *m* cross pin
axe du cylindre *m* cylinder axis, cylinder centre line
axe du moteur *m* engine axis

B

bac à cartes *m* map pocket
bac de rangement *m* stowage bin
bâche *f* tarpaulin
bâché soft-top
baffle *f* baffle
bague *f* bush, ring
bague collectrice *f* collector ring
bague filetée *f* screwed ring
bague pivot *f* fulcrum ring
bague roulée *f* wrapped bush
bague d'appui *f* split collet
bague d'entraînement *f* [*de démarreur*] guide ring
bague d'étanchéité *f* seal ring
bague de culbuteur *f* bushing
bague de pied de bielle *f* small end bush
bague de suspension *f* suspension bush
baguette *f* bar, rod
baguette de pavillon *f* roof bar
baguette de protection latérale *f* side-impact bar
bâillement en virage *m* toe-out on turns
bain de soudure *m* solder bath
baisser [*vitre*] to wind down
baladeur indépendant *m* sliding collar
balai *m* [*de démarreur*] brush
balancier *m* bob weight
balayage intermittent *m* [*d'essuie-glace*] intermittent wipe
balayage unique *m* flick wipe
balayer to scavenge
balourd *m* heavy spot
banc à rouleaux *m* rolling road
banc d'alignement des roues *m* centreline-measuring wheel aligner
banc d'essai *m* test bench
bande bimétallique *f* bimetallic strip
bande chromée *f* chrome strip
bande cyclable *f* cycle path, cycle lane
bande décorative latérale *f* bodyside tape
bande pare-soleil *f* shadeband
bande d'arrêt d'urgence *f* hard shoulder
bande de frein *f* brake band
bande de friction *f* friction band
bande de protection latérale *f* side-impact bar
bande de roulement *f* tread
bandelette talon *f* chafer strip
banquette *f* bench seat
banquette arrière coulissante *f* sliding rear seat
banquette arrière rabattable 2/3-1/3 *f* 2/3 1/3 split rear seat
bar *m* [*unité*] bar
barbotage *m* splash
barillet de serrure *m* barrel
barre anti-encastrement *f* underrun protector
barre antidevers *f* anti-roll bar

barre antiroulis *f* anti-roll bar
barre antivol *f* locking bar
barre latérale de protection anti-intrusion *f* anti-intrusion side-impact bar
barre stabilisatrice *f* stabilizer bar
barre d'accouplement *f* tie-rod, coupling bar; [*de direction*] steering rod
barre de calandre *f* nudge bar
barre de connexion *f* inner track rod
barre de remorquage *f* towing rod, towbar
barre de renfort *f* impact bar
barre de renfort latéral *f* side-impact bar
barre de toit *f* roof bar
barre de torsion *f* torque strut, torsion bar
bas-côté *m* verge
bas de caisse *m* underbody
bas-de-gamme bottom-of-the-range
bas de marche *m* sill
bas de porte *m* doorsill
bascule *f* toggle
basculement *m* [*des sièges*] folding
basse tension *f* low voltage
battement de la chaîne *m* chain flutter
batterie *f* battery
batterie à entretien réduit *f* low-maintenance battery
batterie au nickel-cadmium *f* nickel-cadmium battery
batterie au plomb *f* lead-acid battery
batterie d'accumulateurs *f* battery
batterie de secours *f* emergency battery
batterie sans entretien *f* no-maintenance battery, maintenance-free battery
bavette *f* mud flap, mud guard
becquet *m* spoiler
béquille *f* [*de capot*] stand
berceau *m* engine cradle, engine mounting
berline *f* saloon, sedan *Am*
berline familiale *f* family saloon
berline trois/cinq portes *f* (three/five door) hatchback
bidon d'essence *m* petrol can, jerry can
bidon d'huile *m* oil can
bielle *f* rod, connecting rod, conrod
bielle pendante *f* drop arm, drag link bar
bielle de connexion *f* track rod
biellette *f* connecting rod
biellette de direction *f* drag link, track rod
bifocal [*réflecteur*] bifocal
bifurcation *f* junction
bilame bimetallic
bip sonore *m* buzzer
Bison Futé *m* "Crafty Bison", body which advises drivers of congestion on French motorways
bitube twin-tube
bloc cylindre *m* cylinder block, engine block
bloc électronique *m* electronic control unit, ECU
bloc fonte *m* cast iron block
bloc moteur *m* engine block, block
bloc optique *m* sealed beam unit
bloc des feux arrière *m* rear light cluster
blocage *m* [*des freins*] grab, snatch
blocage de différentiel *m* differential lock
blocage de frein à main *m* handbrake lock

blocage de roue libre *m* free wheel locking device
blocage des roues *m* wheel lock, wheel lock-up
blocage du papillon *m* throttle seizure
blocage du volant *m* steering wheel clamp
blocage de maintien du corps *m* bodylock seat restraints
bloqué locked
bloquer [*roues*] to lock (up)
bobinage *m* [*dynamo*] winding
bobine *f* coil
bobine exploratrice *f* pick-up coil
bobine haute tension *f* high-tension coil
bobine HT *f* ht coil
bobine magnétique *f* magnet coil
bobine réceptrice *f* pick-up coil
bobine à faible inductance *f* low-inductance coil
bobine d'allumage *f* ignition coil
bobine d'induction *f* induction coil
bobine de maintien *f* hold-on coil
bobine de Ruhmkorff *f* Ruhmkorff coil
boiserie *f* wood panelling
boîte auto *f* auto box
boîte automatique *f* automatic gearbox
boîte automatique à commande électronique *f* electronically controlled automatic gearbox
boîte cinq vitesses *f* five-speed gearbox
boîte manuelle *f*, **boîte mécanique** *f* manual gearbox
boîte-pont *f* transaxle
boîte à chaleur du collecteur d'échappement *f* exhaust manifold heat box
boîte à fusibles *f* fuse box
boîte à gants *f* glovebox
boîte à présélection *f* pre-selector gearbox
boîte de dégazage *f* degas tank
boîte de transfert *f* transfer box, transfer gearbox
boîte de vitesses *f* gearbox
boîte de vitesses automatique *f* automatic gearbox
boîte de vitesses cinq rapports *f* five-speed gearbox
boîte de vitesses manuelle *f*, **boîte de vitesses mécanique** *f* manual gearbox
boîte de vitesses synchronisée *f* synchromesh gearbox
boîte de vitesses à rapports courts *f* close-ratio gearbox
boîte de vitesses en prise constante *f* constant-mesh gearbox
boîtier *m* housing
boîtier d'alimentation *m* power box
boîtier de différentiel *m* differential casing
boîtier de direction *m* steering box
boîtier de direction à cremaillère *m* rack and pinion steering box
boîtier de direction à recirculation de billes *m* recirculating ball steering box
boîtier de direction à vis et écrou *m* screw and nut steering box
boîtier de raccordement *m* junction box
bombement *m* [*de route*] camber
bonhomme de verrouillage *m* plunger
bonus *m* no claims bonus
bord de talon *m* bead apex
bord du trottoir *m* kerb, curb *Am*

borne de batterie *f* battery terminal
bossage *m* lobe
bossette *f* boss
bouchon *m* cap, plug; [*embouteillage*] traffic jam
bouchon fusible *m* fusible plug
bouchon d'essence *m* petrol filler cap
bouchon de bloc *m* core plug
bouchon de niveau d'huile *m* lubricant level plug
bouchon de pressurisation *m* pressure cap
bouchon de radiateur *m* radiator cap
bouchon de remplissage *m* filler plug, filler cap
bouchon de réservoir *m* fuel cap
bouchon de vapeur *m* vapour lock
bouchon de vidange *m* drain plug
boucle *f* buckle
bouclier *m* bumper
bouclier inférieur *m* undershield
bouclier de réservoir de carburant *m* fuel tank shield
bougie *f* spark plug, plug
bougie chaude *f* hot plug, soft plug
bougie froide *f* cold plug, hard plug
bougie de préchauffage *f* heater plug, glow plug
boulevard périphérique *m* orbital road, ring road
boulon *m* bolt
boulon de roue *m* wheel bolt
boulonner to bolt
bourrelet *m* [*de pneu*] bead
boursouflure *f* [*de peinture*] bubbling; [*de pneu*] blister
bouton-poussoir *m* push button
boxer *m* boxer engine
braquage steering; ***(angle de) braquage*** steering lock; ***un braquage trop violent*** turning the wheel too violently
braquer *vt* to lock
braquer *vi* to turn the wheel; ***braquer (à fond)*** to apply full lock; ***braquer à gauche*** to turn the wheel hard over to the left; ***un voiture qui braque bien*** a car with a good lock
bras *m* arm
bras compensateur *m* compensator arm
bras oscillant *m* radius arm, radius rod
bras de contrôle *m* control arm
bras de direction *m* steering arm
bras de manivelle *m* web
bras de suspension *m* suspension arm
bras de suspension semi-longitudinal *m* semi-trailing arm
break *m* station wagon, estate car
bretelle d'accès *f* spur, slip road; [*vers autoroute surélevée*] on-ramp
bretelle d'autoroute *f* motorway link road
bretelle de sortie *f* exit; [*d'autoroute surélevée*] exit, off-ramp
bride volante *f* flying web
bride d'entraînement *f* flange
bride de fixation *f* base flange
bride de transmission de cardan *f* universal joint driving flange
bromure *m* [*de plomb*] bromide
bronze *m* bronze
brosse métallique *f* wire brush
brouillard carburé *m* fuel spray
bruit aérodynamique *m* aerodynamic noise
bruit de roulement *m* road noise

bruit du moteur *m* engine noise
bruit du vent *m* wind roar
brûlé [*embrayage*] burnt-out
bulle d'air *f* air-lock
bus *m* bus
buse d'injecteur *f* nozzle orifice
buse de sortie *f* discharge nozzle
buse de vaporisation *f* spray nozzle
buse de ventilation *f* air vent
butée *f* stop; ***en butée*** in full lock; ***en butée à droite/gauche*** in full right/left lock
butée graphitée *f* graphite-lined bearing
butée réglable *f* adjustable stop
butée à billes *f* ball-thrust bearing
butée d'accélération *f* throttle stop
butée de débrayage *f* clutch release bearing
butée de suspension *f* bump stop
butoir de pare-chocs *m* bumper guard, overrider
by-pass *m* by-pass
by-pass de papillon *m* throttle by-pass
by-pass de ralenti *m* idle port

C

ca (= Courant Alternatif) *m* AC
cabine *f* cabin, cab
cabine basculante *f* tilt cab
câblage *m* wiring
câble *m* [*de batterie*] cable; [*de pneu radial*] cord breaker
câble d'accélération *m* throttle cable
câble d'alimentation *m* supply cable, feed cable
câble de batterie *m* battery cable
câble de bougie *m* sparking plug lead
câble de démarrage *m* jump lead, jumper cable *Am*
câble de masse *m* earth cable, ground cable *Am*
câble de remorquage *m* tow rope, towing rope
câble de retour *m* [*à la masse*] return cable
cabriolet *m* cabriolet, cabrio
cache *m* [*pare-feu*] shield; [*pour roue de secours*] cover
cache-antivol *m* security cover
cache-culbuteur *m* rocker cover
cache-moyeu *m* hub cover
cadrans (de bord) *mpl* display panels
cadre-châssis *m* chassis frame
cadre de fenêtre *m* window frame
caisse *f* body, bodyshell
caisse autoporteuse *f* frameless bodyshell

caisson *m* bay
calage *m* setting, phasing
calage d'allumage *m* ignition timing
calaminage *m* carbon deposit
calandrage *m* [*de pneu*] liner
calandre *f* radiator grille, grille,
calculateur *m* digital computer, computer
cale *f* shim, spacer
cale rigide *f* rigid spacer
cale d'épaisseur *f* shim, spacer
cale de réglage *f* adjusting shim
caler *vt* [*roue*] to chock; [*allumage, distribution*] to time
caler *vi* [*moteur*] to stall
calibrage *m* calibration
calibré calibrated
calibreur d'air *m* air bleed jet, air correction jet
calorifugeage *m* insulation
calorstat *m* thermostat
came *f* cam; ***à came unique*** single-cam
came de frein *f* expander
came de ralenti accéléré *f* fast-idle cam
came en colimaçon *f* snail cam
caméra en bord de route *f* roadside camera
camion *m* truck, lorry *Br*
camion bâché *m* curtainsider
camion-citerne *m* tanker (lorry)
camion de dépannage *m* breakdown truck, wrecker *Am*
camion pour transport d'automobiles *m* (car) transporter
camionnage *m* road haulage
camionnette *f* van, panel van
camionnette de livraison *f* delivery van
camping car *m* camper van, camper
canalisation *f* piping
cannelé grooved, splined
cannelure *f* spline; [*de couronne*] ring groove
cannelures hélicoïdales *fpl* helical teeth
CAO (= Conception Assistée par Ordinateur) *f* CAD
caoutchouc *m* rubber
capacité *f* capacity
capacité nominale *f* nominal capacity
capacité du réservoir *f* fuel tank capacity
capacité en courbe *f*, **capacité en virage** *f* cornering power
capot *m* bonnet, hood *Am*
capot moteur *m* bonnet, hood *Am*
capot de ventilateur *m* cowl, cowling
capotage *m* overturning
capote *f* hood, soft top
capsule à dépression "avance/retard" *f* vacuum advance/retard (mechanism)
capteur *m* sensor, sensing device
capteur anti-pincement *m* anti-pinch sensor
capteur bilame *m* bimetal sensor
capteur à micro-ondes *m* microwave sensor
capteur à ultrasons *m* ultrasonic sensor
capteur de charge *m* load sensor
capteur de choc *m* crash sensor
capteur de collision *m* crash sensor
capteur de température *m* temperature sensor
capteur de vitesse *m* speed sensor
capteur de vitesse moteur *m* engine speed sensor

capteur sur vilebrequin *m* crankshaft sensor
capuchon anti-poussière *m* dust cap
capuchon bayonnette *m* bayonet cap
car *m* coach
carapace *f* shell
caravane *f* caravane
carbone *m* carbon
carburant *m* fuel
carburant liquide *m* liquid fuel
carburant volatil *m* light-fraction fuel
carburateur *m* carburettor
carburateur double corps *m* twin choke carburettor
carburateur électronique *m* electronic carburettor
carburateur horizontal *m* sidedraft/sidedraught carburettor
carburateur inversé *m* downdraft/ downdraught carburettor
carburateur séquentiel à double corps *m* twin-barrel sequential carburettor
carburateur simple à diffuseur fixe *m* single fixed-choke carburettor
carburateur vertical *m* updraft/ updraught carburettor
carburateur à dépression constante *m* constant-depression carburettor, constant-vacuum carburettor
carburateur à venturi variable *m* variable-venturi carburettor
carburation *f* carburation
carcasse *f* [*de pneu*] carcass, frame; [*caisse*] bodyshell
carcasse diagonale *f* diagonal-ply carcass
carcasse radiale *f* radial-ply carcass; ***à carcasse radiale*** [*pneu*] radial-ply
cardan *m* universal joint
cardan de roue *m* universal joint
carénage *m* fairing
carnet d'entretien *m* servicing booklet
carnet de bord *m* logbook
carnet de constat amiable *m* set of insurance documents to be completed at scene of accident
carrefour *m* crossroads
carrefour décalé *m* staggered junction
carrossage *m* rake, camber
carrosserie *f* body, bodywork
carrosserie autoportante *f* frameless bodyshell, chassisless construction
carrossier *m* bodybuilder, coachbuilder
carte *f* map
carte grise *f* vehicle registration document
carte routière *f* road map
carte verte *f* green card
carter *m* housing, casing; [*de vilebrequin*] crankcase; [*d'huile*] engine sump, oil sump
carter fixe *m* stationary housing
carter sec *m* dry sump
carter d'huile *m* sump, oil sump
carter de distribution *m* timing cover, engine timing case cover
cartouche *f* cartridge
cartouche filtrante *f* filter cartridge, filter element
casque *m* crash helmet
catadioptre *m* reflector
catalyse *f* catalysis
catalysé catalysed
catalyseur *m* catalyst, catalytic converter

catalyseur oxydant *m* oxidizing catalytic converter
catalyseur trois voies oxydoréducteur *m* three-way oxidizing/reducing converter
catalyseur à double lit *m* dual-bed converter
catalyseur à oxydation *m* oxidizing catalytic converter
catalyseur à réduction *m* reducing catalytic converter
catalyseur à un lit *m* single-stage converter
catalyseur sur échappement *m* exhaust catalyst
cataphote *m* reflector
catégorie *f* class, category
cc (= Courant Continu) *m* DC
céder le passage to give way, to yield *Am*
ceinture réglable en hauteur *f* height-adjustable seatbelt
ceinture statique *f* static seat belt
ceinture trois points *f* lap and shoulder belt, three-point seatbelt
ceinture ventrale *f* lap belt
ceinture à quatre points d'ancrage *f* four point seatbelt
ceinture de sécurité *f* seatbelt
ceinture de sécurité à enrouleur *f* inertia reel seat belt
ceinture pour enfant *f* child restraint
cellule *f* cell
cellule de survie *f* passenger survival cell
cendrier *m* ashtray
centistoke *m* centistoke
centrage *m* centring
centrale clignotante thermique *f* thermal vane-type flasher unit
centrale électronique *f* electronic control unit
centrale hydraulique *f* hydraulic power group
centrale d'alerte *f* warning system
centrale de commande électronique *f* electronic control unit, ECU
centre d'essai *m* test centre
centre de roulis *m* roll centre
centrifugation *f* centrifuging
céramique *f* ceramic
cercle de base *m* base circle
cercle de nez *m* [*de came*] nose circle
certificat d'essai *m* test certificate
certificat de vérification du kilométrage *m* mileage verification certificate
cétane *m* cetane
ch (= CHevaux) *mpl* hp
chaîne *f* chain
chaîne cinématique *f* driveline, powertrain
chaîne à neige *f* snow chain
chaîne de distribution *f* timing chain, camshaft chain
chaleur *f* heat
chaleur latente *f* latent heat
chaleur de l'échappement *f* exhaust heat
chambre *f* [*de pneu*] tube
chambre à air *f* inner tube
chambre à dépression *f* vacuum chamber
chambre d'air *f* air chamber, plenum chamber
chambre d'alimentation *f* feed chamber
chambre d'aspiration *f* suction chamber
chambre d'embrayage *f* clutch chamber
chambre d'explosion *f* combustion

chamber
chambre de carburation *f* mixing chamber
chambre de combustion *f* combustion chamber
chambre de combustion à soupapes latérales *f* L-head combustion chamber
chambre de combustion à toit en pente *f* pent roof combustion chamber
chambre de mélange *f* mixing chamber
chambre de pompage *f* pumping chamber
chambre de précombustion *f* precombustion chamber
chambre de pression *f* pressure chamber
chambre de résonance *f* resonating chamber
chambre de turbulence *f* swirl chamber, turbulence combustion chamber
champ magnétique *m* magnetic field
chandelle *f* chassis stand
chanfrein *m* chamfer
chanfreiner to chamfer
changement de rapports *m* gear shifting
changement de vitesse *m* gearchange
changement de vitesse manuel *m* manual gearchange
changer de rapport to change gear
changer de vitesse to change gear
chape *f* yoke
chapeau de palier principal *m* main bearing cap
chapeau de tête de bielle *m* big-end cap
chapelle d'admission *f* intake port
charbon *m* carbon
charge *f* [*du moteur, sur les roues*] load; ***en charge*** under load
charge remorquable *f* towing weight
charge utile *f* payload
charge à l'essieu *f* axle weight
charge au choc *f* shock loading
charge d'inertie *f* inertia load
charge du moteur *f* engine load
charge en cisaillement *f* shearing load
chargé [*batterie*] charged
chargement *m* loading
charger [*batterie*] to charge
chargeur (de batterie) *m* battery charger
chasse *f* caster
chasse-goupilles *m* pin punch
chasse négative *f* negative caster
chasse positive *f* positive caster
châssis *m* chassis, frame, vehicle frame
châssis-coque soudé *m* integral-welded body
châssis équipé *m* running gear
châssis plat *m* flat frame
châssis porteur *m* backbone chassis, backbone frame
châssis treillis *m* box section chassis
châssis tubulaire *m* box section chassis, space frame chassis
châssis d'absorption d'énergie *m* energy-absorbing frame
châssis en échelle *m* ladder chassis
chauffage *m* heating
chauffage électrique *m* electric heater
chauffard *m* reckless driver
chauffeur *m* driver
chauffeur routier *m* long-distance lorry driver *Br*, long-distance

truck driver
chauffeur de poids lourd *m* lorry driver *Br*, truck driver
chaussée *f* road
ch/DIN *mpl* DIN horsepower
chemin de roulement des billes *m* ball race
chemise *f* jacket; [*de cylindre*] liner
chemise flottante *f* slip liner
chemise humide *f* wet liner
chemise sèche *f* dry liner
chemise d'eau *f* water jacket
chemise du cylindre *f* cylinder liner, cylinder jacket
chevaux *mpl* horsepower
chevaux fiscaux *mpl* administrative French unit for car tax purposes
chevron *m* chevron
chicane *f* baffle
chiffon non-pelucheux *m* lint-free rag
chlorofluorocarbone *m* chlorofluorocarbon, CFC
chlorure *m* chloride
choc *m* crash
choc arrière *m* rear impact
choc frontal *m* head-on collision, frontal impact
choc latéral *m* side impact
choc en torsion *m* torsional shock
chromage *m* chrome-plating, chromium-plating
chrome *m* chrome, chromium
chromé chrome-plated, chromium-plated
chronométré clocked
cinq cylindres five-cylinder
cinq places *f* five-seater
cinq portes *f* five-door model
cinquième vitesse *f* fifth gear
circlip *m* circlip
circonférence *f* circumference
circuit *m* circuit
circuit basse tension *m* low-tension circuit
circuit divisé *m* split circuit
circuit électrique *m* electric circuit
circuit fermé *m* closed circuit
circuit haute tension *m* high-tension circuit
circuit hydraulique *m* hydraulic circuit
circuit intégré *m* integrated circuit
circuit magnétique *m* magnetic circuit
circuit oléopneumatique *m* air/hydraulic system
circuit ouvert *m* open circuit
circuit à circulation naturelle *m* natural circulation system
circuit à condensateur *m* inductive storage system
circuit d'allumage *m* ignition system
circuit d'allumage à haute tension *m* high-energy ignition system
circuit d'allumage à retour à la masse *m* earth return ignition system
circuit d'allumage par bobine *m* coil-ignition system
circuit d'arrivée de carburant par gravité *m* gravity-feed fuel system
circuit d'asservissement hydraulique à débit permanent *m* continuous-flow hydraulic servo system
circuit d'eau *m* water circuit
circuit d'éclairage *m* lighting circuit
circuit d'induction *m* inductive circuit
circuit d'injection *m* injection

system
circuit d'injection d'essence *m* petrol injection system
circuit de carburant étanche *m* sealed fuel system
circuit de charge *m* [*de batterie*] charging system
circuit de chauffage *m* heating system
circuit de démarrage *m* starting circuit
circuit de freinage *m* braking system
circuit de freinage à air comprimé *m* compressed-air braking system
circuit de freinage à commande hydraulique *m* hydraulically operated braking system
circuit de graissage *m* lubrication circuit
circuit de lubrification *m* lubrication system
circuit de lubrification du moteur *m* engine lubrication system
circuit de préchauffage *m* pre-heating system
circuit de prise d'air chaud automatique *m* automatic hot air intake system
circuit de ralenti *m* idle circuit
circuit de ralenti à deux gicleurs *m* two-hole idling system
circuit de refroidissement *m* cooling system
circuit de refroidissement à pompe *m* pump-assisted cooling system
circuit de retour à la masse *m* earth return circuit
circuit de stockage par induction *m* inductive storage system
circulation *f* traffic
circulation routière *f* road traffic
circulation d'air *f* air circulation
circulation d'eau *f* water circulation
circulation d'huile *f* oil flow
cire *f* wax
cire anti-corrosion *f* anti-corrosion wax
cire aux polymères *f* polymer-reinforced wax
cisaillement *m* shear
ciseau à froid *m* cold chisel
citadine *f* supermini
clapet *m* valve
clapet anti-rebond *m* rebound damper valve
clapet anti-retour *m* non-return valve, one-way valve, anti-run-on valve
clapet by-pass *m* by-pass valve
clapet conique *m* conical valve
clapet disque *m* disc valve
clapet à bille *m* ball valve
clapet à boisseau *m* sleeve valve
clapet de décharge *m* relief valve
clapet de décharge d'huile à tige *m* plunger-type oil pressure relief valve
clapet de dérivation *m* by-pass valve
clapet de dilatation *m* expansion valve
clapet de limitation de pression *m* pressure limiting valve
clapet de récupération *m* recuperator valve
clapet de refoulement *m* delivery valve
clapet de retenue *m* check valve
clapet de surpression d'huile à bille *m* ball-type oil pressure relief valve

classe de viscosité SAE *f* SAE (viscosity) rating
classification API *f* API classification
classification des véhicules *f* [*assurance*] insurance rating
clavette *f* headed pin, key
clavette Woodruff *f* Woodruff key
clavier *m* keyboard
clé *f* key; [*outil*] wrench, spanner
clé allen *f* allen key
clé cruciforme *f* cruciform key
clé mixte *f* combination spanner
clé ouverte *f* open-ended spanner
clé dynamométrique *f* torque wrench
clé à bougies *f* spark plug spanner, plug spanner
clé à cliquet *f* ratchet handle
clé à molette *f* adjustable spanner
clé à œil *f* ring spanner
clé de contact *f* ignition key
clé de purge des freins *f* brake bleed nipple spanner
clé de réglage des freins *f* brake adjuster spanner
clé en croix *f* wheelbrace, spider
clignotant *m* indicator, flasher
climatisation *f* air conditioning
climatiseur *m* air conditioner, climate control system
cliquet *m* ratchet; [*téton*] pawl
cliquetis *m* pinking
cliquetis du piston *m* piston slap
cloche d'embrayage *f* clutch bell housing
cloison *f* partition, bulkhead
cloison de séparation *f* [*entre cabine et soute*] load barrier
cm^3 (= centimètre cube) cc
coaxial coaxial
cockpit *m* [*habitacle*] cabin
code confidentiel *m* security code
code de la route *m* Highway Code
codé [*pour sécurité*] security-coded
codes *mpl* dipped headlights
coefficient aérodynamique *m* drag coefficient
coefficient de dilatation thermique *m* coefficient of thermal expansion
coefficient de frottement *m* coefficient of friction
coefficient de pénétration dans l'air *m* drag coefficient
coefficient de traînée *m* drag coefficient, drag factor
coffre *m* boot, trunk *Am*, luggage compartment, load space
coffre porte-skis *m* ski box
coffre à bagages *m* boot, trunk *Am*
coffre de toit *m* car roof box, luggage box
cognement *m* combustion knock, knocking
cognement (du moteur) diesel *m* diesel knock
cogner to knock
coin *m* corner
coin d'huile *m* oil wedge
col du venturi *m* venturi throat
collage *m* bonding
collé bonded
collecteur *m* manifold; [*électrique*] commutator; [*de génératrice*] collector
collecteur chauffé par eau *m* water-heated manifold
collecteur multi-branches *m* multi-branch manifold
collecteur à résonance *m* resonating manifold
collecteur d'admission *m* inlet manifold, throttle line
collecteur d'échappement *m* exhaust manifold

collecteur de sortie *m* [*turbine*] outlet manifold
coller to bond
collier *m* clamp
collier à segments *m* piston ring compressor, ring belt
collier de durite *m* hose clip
collision *f* collision
collision frontale *f* head-on collision, frontal collision
collision latérale *f* side-on collision, side impact
colmatage *m* [*du filtre*] clogging
colonne de direction *f* steering column
combustible *m* fuel
combustion *f* combustion
combustion continue *f* continuous combustion
combustion cyclique *f* cyclical combustion
combustion détonante *f* detonation, combustion knock
combustion dans l'évidement du piston *f* bowl-in-piston combustion
commande électronique du moteur *f* engine management system
commande hydraulique *f* hydraulic actuation
commande manuelle pousser-tirer *f* push/pull hand control
commande tactile *m* one-touch operation
commande d'allumage *f* ignition trigger
commande d'éclairage *f* lights switch
commande de démarreur *f* starter switch
commande de starter *f* choke control
commande de vitesse de croisière *f* cruise control
commande par câble *f* cable control
commande par poignée *f* twist grip
commandes adaptatives moteur *fpl* adaptive engine controls
commandes manuelles *fpl* hand controls
commandes de conduite *fpl* driving controls
compagnie pétrolière *f* oil company, petrol company
comparateur *m* dial gauge
compartiment moteur *m* engine compartment
compartiment à bagages *m* [*d'autocar*] luggage compartment
compensateur de frein *m* brake compensator
comportement routier *m* (road) handling
comportement sous-vireur *m* understeer
comportement survireur *m* oversteer
comportement en courbe *m*, **comportement en virage** *m* cornering (ability)
composé anti-écaillage *m* anti-chipping compound
composé métallique *m* metallic compound
compresseur *m* supercharger, impeller, compressor; [*d'air conditionné*] blower, fan
compresseur alternatif à piston *m* reciprocating piston compressor
compresseur centrifuge *m* centrifugal compressor
compresseur Roots *m* Roots

blower
compresseur à palettes *m* vane compressor
compresseur à un seul étage *m* single-stage compressor
compresseur d'air conditionné *m* air conditioning blower
compresseur sur vilebrequin *m* crankshaft compressor
compression *f* compression; [*temps*] compression stroke
comprimé compressed
comprimer to compress
compte-tours *m* rev counter, tachometer
compteur *m* [*de taxi*] meter
compteur journalier *m* trip recorder, trip odometer *Am*
compteur kilométrique *m* milometer, odometer *Am*
compteur kilométrique totaliseur *m* milometer, odometer *Am*
compteur de vitesse *m* speedometer
concave concave, dished
conception assistée par ordinateur *f* computer-aided design
concessionnaire *mf* dealer
condamnation centralisée des portes *f* central locking
condensateur *m* capacitor, condenser
condensation *f* condensation
condenseur *m* condenser
conditions atmosphériques *fpl* atmospheric conditions
conditions d'utilisation *fpl* running conditions
conditions de conduite *fpl* driving conditions
conducteur *m* driver; [*métal*] conductor
conducteur conductive
conducteur ivre *m* drink-driver
conducteur d'autobus *m* bus driver
conduction *f* conduction
conductivité thermique *f* thermal conductivity
conductrice *f* (woman) driver
conduire to drive
conduit étranglé *m* restricted passage
conduit à haute pression *m* high-pressure line
conduit d'aspiration *m* suction pipe
conduit de carburant *m* fuel pipe
conduite *f* driving
conduite dangereuse *f* dangerous driving
conduite fractionnée *f* stop-go driving
conduite normale *f* [*de boîte auto*] drive
conduite à droite *f* right-hand drive
conduite à gauche *f* left-hand drive
conduite d'arrivée du combustible *f* supply pipe
conduite de frein *f* brake line
conduite de jour *f* daytime driving
conduite de nuit *f* night driving
conduits d'échappement *mpl* exhaust manifold
cône femelle *m* female cone
cône d'embrayage *m* clutch cone
cône d'injection *m* injection cone
cône de friction *m* friction cone
cône de synchronisation *m* synchromesh cone, baulking cone
configuration en V inclinée *f* inclined V configuration
confort *m* comfort

conjoncteur-disjoncteur *m* cut-out (valve)
connecteur *m* connector
connecteur multi-broches *m* multi-pin connector
connexion *f* junction, connection
console *f* console
console centrale *f* central console
consommation *f* consumption
consommation moyenne *f* average consumption
consommation spécifique *f* specific fuel consumption, sfc
consommation d'huile *f* oil consumption
consommation de carburant *f* fuel consumption
consommation en ville *f* urban fuel consumption
consommation en vitesse de croisière *f* touring consumption
consommer to consume
constat amiable *m* insurance form to be completed at scene of accident
constat européen d'accident *m* insurance form to be completed at scene of accident in several EC countries
constructeur *m* manufacturer
constructeur automobile *m* motor manufacturer
construction composite *f* composite construction
construction monobloc *f* monobloc construction
contact *m* contact, contact breaker point; ***contacts*** points; ***contact coupé*** ignition switched off; ***contact mis*** ignition switched on
contacteur *m* [*du système d'allumage*] switch
contacteur thermique bilame *m* bimetal thermal switch
contacteur thermostatique de l'évaporateur *m* evaporator thermostat switch
contacteur à inertie *m* inertia switch
contacteur à solénoïde *m* solenoid switch
contacteur d'alarme à différence de pression *m* pressure differential warning actuator
contacteur d'interdiction *m* inhibitor switch
contacteur de coupure à inertie *m* inertia cut-off switch
contacteur de coupure de pompe à essence *m* petrol pump cut-off switch
contacteur de papillon *m* throttle valve switch
contacteur de pédale d'accélération *m* throttle pedal switch
contacteur de température *m* temperature sensor switch
contenance *f* capacity
continu continuous
contractuel(le) *m(f)* traffic warden
contrainte ponctuelle *f* point load
contrainte en cisaillement *f* shear stress
contrainte en compression *f* compressive stress
contrainte en flambage *f* bending stress
contrainte en torsion *f* torsional stress
contre-braquage *m* opposite lock
contre-braquer to apply opposite lock
contre-courant *m* contra-flow
contre-écrou *m* lock nut
contrepoids *m* counterweight

contre-porte *f* door insert
contre-pression *f* back-pressure
contrôle *m* inspection
contrôle radar *m* radar speed check
contrôle technique *m* ≈ MOT test
contrôle de direction *m* directional control
contrôle de géométrie *m* geometry checking
contrôle de traction *m* traction control
contrôle de la consommation d'huile *m* oil consumption control
contrôle des émissions de moteur diesel *m* diesel emissions test
contrôleur d'angle de dwell *m* dwell angle meter
contrôleur de vigilance du conducteur *f* driver alertness monitor
convection *f* convection
convertisseur catalytique à oxydation *m* oxidization catalytic converter
convertisseur hydraulique *m* hydraulic converter
convertisseur multi-étagé *m* multi-stage converter
convertisseur à embrayage de pontage *m* lock-up converter clutch
convertisseur de couple *m* torque converter
convertisseur de couple hydrodynamique *m* hydraulic converter, fluid converter, hydro-kinetic fluid converter
convexe convex
coque *f* cockpit, bodyshell
coque autoporteuse *f* integral bodyshell
coque porteuse *f* bearing shell
coque du siège *f* seat shell
coquille de coussinet *f* bearing shell
corps *m* casing
correcteur d'assiette *m* self-levelling control
correcteur de freinage *m* pressure-limiting valve
correction d'avance *f* [*à l'allumage*] ignition advance adjustment
corrosion *f* corrosion
cosse *f* cable terminal
côté amont *m* [*du carburateur*] upstream side
côté aval *m* [*du carburateur*] downstream side
côté distribution *m* non-driving end
côté gauche *m* nearside; [*en GB*] offside
côté lâche *m* slack side
côté libre *m* free end
côté non-menant *m* non-driving side
couche anticorrosion *f* underseal
couche isolante *f* underlay
couche de renfort de la bande de roulement *f* tread bracing layer
coude *m* bend
couler [*métaux*] to cast
coulissant sliding
coulisseau *m* slider
coulisseau de sélection *m* selector rod
couloir d'autobus *m* bus lane
coup d'accélérateur *m* kickdown
coup de bélier *m* pressure pulse
coup de frein: donner un coup de frein to brake, to hit the brakes
coup du lapin *m* whiplash
coupe-circuit *m* circuit-breaker

coupé *m* coupé
coupé cabriolet *m* drop-head coupé
coupé sport *m* sports coupé
couper le contact to switch off (the ignition)
couper un virage to cut a corner
couple *m* torque
couple bloqué *m* stall torque
couple conique *m* bevel-type final drive
couple maximal *m* maximum torque
couple moteur *m* engine torque
couple d'auto-alignement *m* self-aligning torque
couple de démarrage *m* starting torque, cranking torque
couple de pont *m* final-drive gears
couple de roulis *m* rolling couple
couple en sortie *m* output torque
coupleur hydraulique *m* fluid flywheel, fluid coupling
coupure à la décélération *f* deceleration cut-off
coupure de carburant à déclenchement par inertie *f* inertia-actuated fuel cut-off switch
courant *m* current
courant alternatif *m* alternating current
courant batterie *m* battery current
courant continu *m* direct current
courant primaire *m* primary current
couronne *f* crown, crown wheel, ring gear
couronne de lancement *f* flywheel ring gear
couronne de pont *f* crown wheel
courroie *f* belt
courroie crantée *f* toothed belt
courroie trapézoïdale *f* V-belt, vee belt
courroie trapézoïdale multiple *f* multi-vee belt
courroie trapézoïdale simple *f* single-vee belt
courroie d'arbre à cames *f* cam belt, timing belt
courroie d'entraînement *f* drive belt
courroie de commande *f* drive belt
courroie de ventilateur *f* fan belt
cours de conduite *m* driving lesson
course *f* [*de piston*] stroke
course ascendante *f* upward stroke
course automobile *f* motor race; [*le sport*] motor racing
course à vide *f* idle stroke
course de compression *f* compression stroke, bump stroke
course des freins *f* brake travel
course du piston *f* piston displacement, piston stroke
court-circuit *m* short circuit
court-circuiter to short-circuit
coussin d'air *m* airbag
coussin de rupteur *m* breaker cushion
coussin de siège *m* seat cushion
coussinet *m* bearing
coussinet de palier *m* bearing bush
coût de revient *m* running costs
couvercle *m* cover
crabot *m* dog clutch
cran d'arrêt *m* safety catch
crédit-bail *m* lease
crémaillère *f* rack, rack and pinion
crémaillère de direction *f* steering rack
créneau: à créneaux castellated
crénelé [*écrou*] castellated
crépine *f* [*filtre*] strainer
crépine d'aspiration *f* suction

strainer
crête-à-crête peak-to-peak
crevaison *f* puncture, flat
crevé punctured
cric *m* jack
cric hydraulique *m* hydraulic jack
cric rouleur *m* trolley jack
crissement *m* squeal, screech
cristaux dessicatifs de silica-gel *mpl* silica gel dessicant crystals
crochet *m* hook
crochet porte-habits *m* clothes hook
crochet de bâche *m* tarpaulin hook, tarp hook
crochet de sécurité *m* safety catch
croisillon *m* trunnion block, spider
culasse *f* cylinder head
culasse à flux opposés *f* cross-flow head, hemispherical head
culasse à flux transversals *f* cross-flow head
culasse à soupapes opposées *f* F-head cylinder head
culbuterie *f* rocker arms
culbuteur *m* rocker, rocker-arm
custode *f* rear quarter panel
cuve banjo *f* banjo casing
cuve porteuse *f* carrier casing
cuve "split" *f* split casing
cuve trompette *f* trumpet casing
cuve à niveau constant *f* float chamber
cuve de filtre à air *f* air filter bowl
CV (= chevaux) *mpl* French administrative unit for car tax purposes
Cx = coefficient de pénétration dans l'air *m*
cycle *m* cycle
cycle Beau de Rochas *m* Otto cycle
cycle urbain *m* urban cycle
cycle à deux temps *m* two-stroke cycle
cycle à quatre temps *m* four-stroke cycle
cycle d'allumage *m* ignition cycle
cycle d'essai *m* test cycle
cycle de fonctionnement *m* cycle of operations
cylindre *m* cylinder
cylindre récepteur *m* [*de freins*] wheel cylinder; [*d'embrayage*] slave cylinder
cylindre de roue *m* wheel cylinder
cylindrée *f* cubic capacity

D

damper *m* damper
dandinement *m* shimmy
dash-pot *m* dashpot
débattement de roue *m* wheel deflection
débattement de la suspension *m*

suspension stroke
débit *m* output
débit d'air *m* [*dans le moteur*] air flow
débitmètre d'air *m* air-flow meter, air-flow sensor
déblocage de porte arrière *m* back-door release
débrayage *m* disengagement
débrayé disengaged
débrayer *vt* to disengage
débrayer *vi* to declutch
décalaminage *m* decarbonizing
décalé offset
décanewton *m* decanewton
décaper à la sableuse to sand-blast
décapotable *f* convertible
décapotable open-top
décapotage *m* lowering the hood
décapoté open
décapoter to lower the hood
décélération *f* deceleration
décélérer to decelerate
déchargé [*batterie*] discharged
déchets *mpl* scrap
déclaration d'accident *f* [*assurance*] accident particulars form
déclenchement inductif *m* inductive trigger
déclenchement magnétique *m* magnetic trigger
déclenchement de l'étincelle *m* spark triggering
déclenchement par effet Hall *m* Hall effect trigger
déclencheur *m* trigger
déconnecter to disconnect
décoration extérieure *f* exterior trim
décoration intérieure *f* interior trim
déflecteur *m* deflector; [*sur vitre*] quarterlight
déflecteur arrière *m* rear quarterlight
déflecteur de faisceau *m* beam deflector
déflecteur de porte avant *m* front quarterlight
déflecteur de ventilateur *m* cowl, cowling
déflection *f* deflection
se **déformer** to buckle
dégagement *m* clearance
dégager [*frein à main*] to release
dégazage *m* bleeding
dégazer [*circuit*] to bleed
dégivrage *m* de-icing; [*dispositif*] defroster
dégivrer to defrost
dégivreur *m* de-icer
dégonflé deflated
dégonfler to deflate
degré Celsius *m* degree Celsius, centigrade
degré Engler *m* degree Engler
degré Kelvin *m* degree Kelvin
dégrippant *m* penetrating oil
délestage *m* jack-up
délit de fuite *m* failure to report an accident; [*dommages causés au piéton*] hit and run
démarrage *m* starting
démarrage poussé *m* bump start
démarrage à chaud *m* hot start
démarrage à froid *m* cold start
démarrage à l'aide de câbles *m* jump start
démarrage à l'embrayage *m* clutch start
démarrer to start; ***démarrer le moteur*** [*sens mécanique*] to crank the engine
démarrer à froid to start from cold

démarrer à l'aide des câbles to jump start
démarrer en remorque to tow-start
démarreur *m* starter, starter motor
démarreur électrique *m* electric starter motor
demi-arbre *m* half-shaft
demi-essieu oscillant *m* swinging half-axle
demi-palier *m* half bearing
demi-rondelle *f* half-washer
demi-tour *m* U-turn
demi-tour en trois temps *m* three-point turn
démonter to disassemble, to dismantle
dent *f* tooth; ***en dents de scie*** serrated
dent de longueur normale *f* full-depth tooth
dentelure *f* serration
dents *fpl* [*de pignons*] teeth
denture *f* [*du rotor*] rotor gear; ***à denture hélicoïdale*** spiral
dépannage *m* repairs; [*remorquage*] recovery; ***service de dépannage*** breakdown service
dépanner to repair; ***dépanner qn*** to repair sb's car
dépanneuse *f* breakdown vehicle, recovery vehicle, wrecker *Am*
départ à froid *m* cold start
dépassement *m* overtaking, passing *Am*
dépasser *m* to overtake, to pass *Am*
déplacement longitudinal *m* fore-and-aft movement
dépollué cleaned up
dépolluer to clean up
dépollution *f* cleaning up
déport *m* [*d'une roue*] offset
dépôt *m* deposit
dépréciation *f* depreciation
dépression *f* depression; [*vide*] vacuum; [*creux*] trough; ***à dépression constante*** constant-depression; ***à dépression variable*** variable-depression
dérapage *m* skidding; ***un dérapage*** a skid
dérivation *f* by-pass
dérouler to pay out
désactivateur de pompe à essence *m* petrol pump inhibitor
désembuage *m* demisting
désembuer to demist
désembueur *m* demister
déséquilibrage dynamique *m* dynamic unbalance
déshumidification *f* dehumidification
déshydrateur *m* dehydrator
désorption *f* desorption
desserrer [*frein à main*] to take off, to release
détecteur anti-pincement *m* anti-pinch sensor
détecteur d'anomalie *m* fault warning sensor
détecteur de bris de glace *m* glass-breakage sensor
détecteur de choc *m* crash sensor
détecteur de cognement *m* knock sensor
détecteur de collision *m* crash sensor
détecteur de radar *m* radar detector
détection: à détection par pression pressure-sensed
détection à ultrasons *f* ultrasound detection
détendeur de l'évaporateur *m* evaporator pressure regulator

détergence *f* detergency
détergent *m* detergent
détonation *f* knocking, detonation
détoner [*carburant*] to knock
deux: à deux portes two-door; ***(à) deux temps*** two-stroke
deux roues motrices *fpl* 2-wheel drive
deuxième vitesse *f* second gear
développer [*ch*] to deliver
déverrouillage *m* unlocking
déverrouillage de la trappe de réservoir par l'intérieur *m* internal fuel flap release
déverrouillage du capot par l'intérieur *m* internal bonnet release
déverrouillage du hayon par l'intérieur *m* internal hatchback release
déverrouiller to unlock
diamètre *m* diameter
diamètre nominal *m* nominal diameter
diamètre de braquage entre trottoirs *m* kerb-to-kerb turning circle
diamètre de braquage hors tout *m* overall turning circle
diamètre de jante *m* rim diameter
diamètre de parcours du maneton *m* crank circle diameter
diaphragme *m* diaphragm
diaphragme (d'embrayage) *m* diaphragm spring
diesel *m* diesel
diesel suralimenté refroidi *m* inter-cooled turbo diesel
différence de potentiel *f* potential difference, pd
différentiel *m* differential
différentiel (autobloquant) à glissement limité *m* (self-locking) limited-slip differential
diffuseur *m* [*compresseur*] diffuser; [*chauffage*] air vent; ***à diffuseur fixe*** fixed-choke
diffuseur auxiliaire *m* [*venturi auxiliaire*] auxiliary venturi
dilatation *f* expansion
se **dilater** to expand
dimensions *fpl* dimensions
DIN DIN
diode *f* diode
diode électroluminescente *f* light-emitting diode
diode Zener *f* Zener diode, surge protection diode
direction *f* steering; [*sens*] direction
direction assistée *f* power(-assisted) steering
direction assistée sensible à la vitesse *f* speed-sensitive power-assisted steering
direction assistée variable *f* variable power-assisted steering
direction assistée à circulation de billes *f* recirculating ball power steering
direction mécanique *f* manual steering
direction neutre *f* neutral steer
direction réglable en hauteur *f* height-adjustable steering
direction à crémaillère *f* rack and pinion steering
direction à point milieu *f* centre-point steering
direction à recirculation de billes *f* recirculating ball steering
direction à vis et galet *f* worm and roller steering, cam and peg steering
discontinu [*ligne*] broken

disjoncter to cut out
disjoncteur *m* circuit-breaker; [*de suspension hydraulique*] cut-out valve
dispersivité *f* dispersivity
dispositif antidémarrage *m* engine immobilizer
dispositif antidémarrage codé *m* key pad immobilizer system
dispositif antivol *m* anti-theft device
dispositif déclencheur *m* triggering device
dispositif électronique *m* electronic device
dispositif d'avance centrifuge *m* centrifugal advance mechanism
dispositif d'avance à dépression *m* vacuum advance mechanism, vacuum (timing) control unit
dispositif d'avance à l'allumage *m* ignition advance
dispositif d'équilibrage de flux du carburateur *m* carburettor flow balancing device
dispositif de coupure *m* cut-out (device)
dispositif de départ à froid *m* cold start device
dispositif de freinage hydraulique *m* hydraulic servo system
dispositif de positionnement *m* location device
dispositif de préchauffage *m* pre-heater
dispositif de retenue pour enfant *m* child restraint
dispositif de sécurité *m* safety feature
dispositif de surcharge *m* excess-fuel device
dispositif de verrouillage "sécurité enfant" *m* child lock
disposition inversée *f* downdraught arrangement
disposition de grille *f* [*de boîte de vitesses*] gate pattern
disposition en dépression par le bas *f* downdraught arrangement
disqualification *f* disqualification
disque *m* disc, disk
disque ventilé en spirale *m* spirally ventilated disk
disque à ressort *m* spring disc
disque d'embrayage *m* clutch disc
disque d'entraînement *m* driving disc
disque de dépression *m* suction disc
disque de friction *m* friction disk
dissymétrie *f* dissymmetry
distance *f* distance
distance d'arrêt *f* stopping distance
distance de freinage *f* braking distance
distance de sécurité *f* thinking distance
distributeur *m* distributor, distributor cap
distributeur d'injection *m* injection distributor
distributeur de carburant *m* fuel distributor
distribution *f* distribution
distribution haute tension *f* high-tension distribution
distribution variable en continu *f* continuously variable timing
documents de bord *mpl* vehicle documents
doigt disrupteur *m* rotor arm
doigt de distribution *m* rotor arm
dos d'âne *m* humpback bridge; [*surface inégale*] ramp
doser to meter

doseur-distributeur *m* [*de carburant*] fuel distributor
dossier *m* backrest, seatback
dossier rabattable *m* folding seatback
dossier repliable *m* folding seatback
dossier de banquette AR rabattable 60/40 *m* 60/40 split rear seat
doublage d'aile *m* wing valance
double arbre à cames *m* twin cam, twin camshaft
double arbre à cames en tête *m* double overhead camshaft
double carburateur *m* twin carburettor
double circuit de freinage assisté *m* duo-servo brake
double circuit de freinage en diagonale *m* diagonally linked dual circuit brakes, split-line diagonally linked brake system
double débrayage *m* double declutching; ***faire un double débrayage*** to double-declutch
double effet: à double effet double-acting
double liaison *f* double link
double ligne blanche *f* double white line
double turbo *m* twin turbo
double turbocompresseur *m* twin turbo
double venturi dual venturi
double vitrage *m* double glazing
doubler to overtake, to pass *Am*
doubleur de gamme *m* splitter (box)
douille *f* bush; [*électrique*] socket
douille lisse *f* plain bush
douille de bronze *f* bronze bush
douille de réglage *f* adjusting sleeve
doux [*moteur, suspension*] sweet
dressage *m* [*au marbre*] lozenging
durit *f* flexible pipe
durite *f* hose, hose connection, pipe
dwell *m* dwell
dynamique *f* dynamics
dynamo *f* dynamo
dynamo à tension constante *f* constant voltage dynamo
dysfonctionnement *m* malfunction, dysfunction

E

eau déminéralisée *f* deionized water
eau distillée *f* distilled water
eau de refroidissement *f* cooling water
écart *m* [*trajectoire*] swerve

écartement de renfort d'étincelle *m* booster gap
écartement des électrodes *m* spark gap, plug gap, electrode gap
écarteur de mâchoire *m* shoe expander
échangeur *m* [*air/air*] exchanger; [*intersection*] interchange
échangeur air/air *m* air-to-air exchanger
échangeur de chaleur *m* heat exchanger
échangeur de température *m* heat exchanger
échappement *m* exhaust; [*temps moteur*] exhaust stroke
échappement latéral *m* side exhaust
échauffement *m* overheating
éclairage *m* lighting
éclairage intérieur *m* interior lighting
éclairage de route *m* full-beam headlights
éclairage de ville *m* dipped headlights
éclairage du tableau de bord *m* instrument panel lighting
éclaireur de coffre *m* boot light
éclatement *m* [*de pneu*] blow-out
éclatement de l'étincelle *m* spark
éclater to burst
éclateur *m* spark gap
économie de carburant *f* fuei economy, fuel efficiency
économiseur *m* economizer
écoulement d'huile *m* oil drain
écrou *m* nut
écrou de blocage *m* clamping nut
écrou de raccord *m* union nut
écrou de réglage *m* adjusting nut, adjuster nut
écrou de roue *m* wheel nut
écrou de l'arbre d'entraînement *m* drive shaft nut
écusson *m* badge
effet de bourrage *m* ram effect
effet de chasse *m* caster action
effet de forçage *m* ram effect
effet de sol *m* ground effect
effort *m* effort, force
effort au changement de vitesses *m* shift forces
effort d'un ressort *m* spring thrust
effort de braquage *m* turning effort
effort de rotation *m* turning effort
effort de traction *m* tractive effort
efforts en virage *mpl* cornering force
égaliseur de fréquences *m* equalizer
EGR *f* EGR
électricité *f* [*composants électriques*] electrics
électriquement electrically
électro-aimant *m* electromagnet
électrode *f* electrode
électrode centrale *f* centre electrode
électrode de masse *f* earth electrode
électro-hydrauliquement electro-hydraulically
électrolyte *m* electrolyte
électromagnétique electromagnetic
électron *m* electron
électronique *f* electronics
électronique electronic
électro-pneumatique electro-pneumatic
électrostatiquement electrostatically
électrovalve *f* solenoid
électrovalve de starter *f* starter

solenoid
électrovanne *f* solenoid valve
élément filtrant en papier *m* paper filtering element
élément mobile *m* working part
*s'***emballer** [*moteur*] to race; [*élément tournant*] to spin
embase *f* base
embouteillage traffic jam, tailback
embouteillé [*encombré*] congested
embranchement *m* turn-off, fork
embrayage *m* clutch
embrayage automatique centrifuge *m* automatic centrifugal clutch
embrayage avant *m* forward clutch
embrayage électromagnétique *m* magnetic clutch
embrayage hydrodynamique *m* fluid clutch
embrayage monodisque *m* single-plate clutch, disc clutch
embrayage multidisque *m* multi-disc clutch pack
embrayage multiphasé *m* multi-phase clutch
embrayage Newton *m* Newton clutch
embrayage unidirectionnel *m* one-way clutch
embrayage à commande centrifuge *m* centrifugally actuated clutch
embrayage à cônes *m* cone clutch
embrayage à crabot *m* dog clutch
embrayage à diaphragme *m* diaphragm spring clutch, DS clutch
embrayage à disques multiples *m* multi-plate clutch
embrayage à friction *m* friction clutch
embrayage à ressorts multiples *m* multi-coil spring clutch
embrayage à roue libre *m* free-wheel clutch
embrayage de prise directe *m* lock-up clutch
embrayé engaged
émetteur *m* sender unit
émetteur d'embrayage *m* clutch servo
émission d'électrons *f* thermionic emission
émission de gaz d'échappement *f* exhaust emission
émissions *fpl* [*de gaz d'échappement*] emissions
empattement *m* wheelbase
empattement court *m* short wheelbase
empattement long *m* long wheelbase
EMS (= commande électronique du moteur) *f* EMS
émulsifier to emulsify
émulsion pétrole-air *f* petrol-air emulsion
encadrement *m* frame
encadrement en caoutchouc *m* rubber seal
enceinte *f* [*haut-parleur*] speaker (box)
enclenché [*vitesse*] engaged
enclenchement par inertie *m* inertia engagement
encoche *f* notch
encrassement *m* [*des bougies*] fouling
enduit protecteur *m* protective coating
endurance *f* endurance
énergie *f* energy
énergie cinétique *f* kinetic energy
énergie électrique *f* electrical power

enflammé [*mélange*] ignited
enflammer to ignite
enfoncer to depress
engager [*vitesse*] to engage
engrenage *m* gear, gearing
engrenage conique *m* bevel gear
engrenage hélicoïdal *m* helical gear
engrenage hélicoïdal conique *m* spiral bevel gear
engrenage hypoïde à denture conique *m* hypoid bevel gear
engrenage Simpson *m* Simpson gear
engrenage à denture droite *m* spur gear
engrenage à denture hélicoïdale *m* helical gear
engrenage à double denture hélicoïdale *m* double helical gear
engrenage à double réduction *m* double-reduction gearing
engrenage à simple réduction *m* single-reduction gearing
engrenage à train planétaire *m* planetary gearing
engrenage à variations progressives *m* gradually variable gear
engrenage à vis sans fin *m* worm gears
engrenage de démarrage *m* starter gear
engrenage en prise constante *m* constant-mesh gear
engrener to mesh
*s'***engrener avec** to mesh with
engrener sur to gear to
enjoliveur *m* wheel trim, hub cap
enjoliveur de phare *m* headlamp rim
enjoliveur de roue *m* hub cap, wheel trim
enroulement *m* winding
enroulement primaire *m* primary winding
enroulement secondaire *m* secondary winding
enroulement shunt *m* shunt winding
enroulement du champ d'excitation *m* field winding
enroulement en série *m* series winding
enrouleur (de ceinture de sécurité) *m* inertia reel, safety belt retractor
ensemble amortisseur et clapets *m* damper valve block
ensemble demi-écrou *m* half-nut assembly
ensemble moteur-boîte *m* power unit
ensemble moyeu *m* hub assembly
entièrement compensé fully compensated
entièrement flottant fully floating
entonnoir *m* funnel
entraîné mécaniquement mechanically driven
entraîné par courroie belt-driven
entraînement *m* drive
entraînement ouvert Hotchkiss *m* Hotchkiss open-type drive
entraînement positif *m* positive drive
entraînement ventilateur sensible à l'air *m* air-sensing fan drive
entraînement à cliquet réversible *m* reversible ratchet drive
entraînement d'arbre à cames *m* camshaft drive
entraînement de ventilateur à limiteur de couple *m* torque-limiting fan drive
entraînement du ventilateur *m*

fan drive
entraînement du ventilateur de type visqueux *m* viscous fan drive
entraînement en prise constante *m* constant-speed driving
entraînement par chaîne *m* chain drive
entrée d'air *f* air inlet
entrer en collision to crash
entretenir to service
entretien *m* servicing, maintenance
entretoise *f* spacer; [*étai*] strut
entretoise rétractile *f* collapsible spacer
entretoise rigide *f* rigid spacer
entretoise de réglage *f* distance piece
entretoise de suspension *f* suspension strut
enveloppe de bourrelet *f* bead wrapping
EP (= Extrême Pression) *f* EP
épaulement *m* shoulder
épave *f* write-off
épicycloïdal epicyclic
épure d'Ackermann *f* Ackermann layout
équerre *f* angle bracket
équilibrage dynamique *m* dynamic balance
équilibrage des composants *m* component balance
équilibrage des efforts au changement de vitesse *m* shift weighting
équilibrage des roues *m* wheel balancing
équilibre *m* balance
équilibre primaire *m* primary balance
équilibre secondaire *m* secondary balance
équilibreur harmonique secondaire *m* secondary harmonic balancer
équipement *m* equipment
équipement intérieur *m* internal fittings
équipement routier *m* road signs
équipement pour autoradio *m* car radio equipment
éraflure *f* scratch
ergonomie *f* ergonomics
escalier *m* step; ***en escalier*** stepped
escamotable [*phares*] retractable
espace mort *m* clearance volume
espace de combustion *f* combustion volume
espace de rangement *m* storage space
espace pour les jambes *m* legroom
essai: faire un essai to do a test drive
essai routier *m* road testing
essai à banc *m* bench test
essai de calage *m* stall test
essai de charge électrique *m* electrical load test
essai de chute *m* drop test
essai de collision frontale CE *m* EC frontal impact test
essai de compression *m* compression test
essai en décharge rapide *m* high-rate discharge test
essai en endurance *m* endurance test
essai en roue libre *m* coast-down (test)
essai en soufflerie *m* wind tunnel test
essai sur route *m* test drive
essayer une voiture to test drive a car
essayeur *m* tester

essence *f* petrol, gas *Am*, gasoline *Am*; ***à essence*** petrol-powered
essence ordinaire *f* low-grade petrol
essence à faible indice d'octane *f* low-octane petrol
essence à indice d'octane élevé *f* high-octane petrol
essence sans plomb *f* unleaded petrol, unleaded, lead-free (petrol)
essieu *m* axle
essieu arrière *m* rear axle
essieu arrière rigide *m* live rear axle
essieu avant *m* front axle
essieu fixe *m* dead axle
essieu inversé à chapes ouvertes *m* reversed-elliot stub axle
essieu moteur *m* driving axle
essieu multi-points *m* multi-link axle
essieu oscillant *m* swing axle
essieu-poutre *m* beam axle
essuie-glace *m* windscreen wiper, windshield wiper *Am*, wiper
essuie-glace arrière *m* rear wiper
essuie-glace deux vitesses *m* two-speed wiper
essuie-glace intermittent à plusieurs vitesses *m* variable speed intermittent wiper
essuie-phare *m* headlamp wiper
essuie-vitre *m* windscreen wiper, windshield wiper *Am*
étai transversal *m* cross-strut
étalonnage *m* calibration
état: en état de marche roadworthy, in a roadworthy condition
étau *m* vice
éthanol *m* ethanol
éthylène-glycol *m* ethylene glycol
étincelle *f* spark
étincelle contrôlée *f* spark control, SC
étincelle électrique *f* electric spark
étincelle d'allumage *f* spark
*s'***étouffer** to die
étrier *m* stirrup, shackle; [*de frein*] caliper
étrier flottant *m* floating caliper
étrier oscillant *m* swinging shackle
étrier de frein à disque *m* disc-brake caliper
évanouissement *m* [*de freins*] fade
évaporateur *m* [*de chauffage*] evaporator
évaporation *f* evaporation
*s'***évaporer** to evaporate
examen de conduite *m* driving test
excentrique eccentric
excès de vitesse *m* speeding
extincteur (d'incendie) *m* fire extinguisher
extinction retardée *f* delayed cut-off
extrême pression *f* extreme pressure

F

façade amovible *f* [*d'autoradio*] removable front panel
face: à face métallique metal-faced
face d'ouverture *f* opening flank
facilité de conduite *f* driveability
fading *m* (brake) fade
faible: à faible émission low-emission
faible visibilité *f* poor visibility
faisceau *m* beam
faisceau convergent *m* converging beam
faisceau divergent *m* diverging beam
faisceau parallèle *m* parallel beam
faisceau radar *m* radar beam
faisceau de fils *m* wiring harness, wiring loom
faisceau du radiateur *m* radiator core
familiale *f* family car
farad *m* farad
fatigue *f* fatigue
faux alignement *m* misalignment
faux-rond *m* run-out
fente hélicoïdale *f* helical slot
fer nodulaire *m* nodular iron
fermeture anti-goutte *f* spill cut-off
fermeture automatique des portes *f* remote control locking
fermeture centralisée *f* central locking
fermeture de sécurité du réservoir d'essence *f* petrol tank guard
fermeture des contacts *f* closing of contacts
feu *m* light, lamp
feu antibrouillard *m* fog lamp
feu rouge *m* red light
feu de brouillard *m* fog lamp
feu de gabarit *m* side lamp
feu de plaque *m* number plate light
feu de recul *m* reversing lamp
feu de stationnement *m* parking light
feu de stop *m* parking light
feuilleté [*pare-brise*] laminated
feutre *m* felt
feux *mpl* lights, lamps
feux arrière *mpl* rear lamps, tail lights
feux blancs *mpl* driving lights, headlights and side lights
feux facultatifs *mpl* auxiliary driving lamps
feux tricolores *mpl* (traffic) lights
feux de croisement *mpl* dipped headlights
feux de détresse *mpl* hazard (warning) lights, hazards
feux de freinage *mpl* brake lights
feux de position *mpl* side lights, parking lights
feux de route *mpl* driving lights; ***en feux de route*** on full beam

feux (de signalisation) *mpl* traffic lights
fibre de carbone *f* carbon fibre
fibre de verre *f* fibre glass
fiche mâle *f* plug
fiche technique *f* specifications sheet
fiche d'entretien *f* service record
fil *m* wire
fil HT (= haute tension) *m* ht cable
fil de bougie *m* spark plug lead
fil de fer *m* wire
filament *m* filament
filet de sécurité *m* [*d'utilitaire*] load restraint mesh
filetage *m* thread
filetage Acmé *m* Acme thread
filetage Acmé à départs multiples *m* multi-start Acme thread
filetage Acmé à filets multiples *m* multi-start Acme thread
filetage Whitworth *m* Whitworth thread
fileté threaded
film d'huile *m* oil film
filtration d'huile *f* oil filtration
filtre *m* filter
filtre centrifuge *m* spin-on filter
filtre décanteur *m* coarser filter
filtre électronique *m* electronic filter
filtre fin *m* finer filter
filtre plein débit *m* full-flow filter
filtre primaire *m* primary filter
filtre principal *m* main filter
filtre à air *m* air filter, air cleaner
filtre à air sec *m* paper element air cleaner
filtre à air de ventilation *m* ventilation air filter
filtre à carburant *m* fuel filter
filtre à combustible *m* fuel filter
filtre à essence *m* petrol filter
filtre à huile *m* oil filter
filtre à huile à cartouche *m* cartridge-type oil filter
filtre à particules *m* dust filter
filtre à pollen *m* pollen filter
filtre à poussière et à pollen *m* dust and pollen filter
filtre au charbon *m* carbon filter
filtre d'antiparasitage *m* suppressor
filtre en dérivation *m* by-pass filter
filtre sur conduite de carburant *m* fuel line filter
fin de combustion *m* last gas
finement calibré thin-gauge
finition *f* [*peinture*] finish
flanc *m* [*de pneu*] profile, side wall
flasque *m* flange
flat [*moteur*] flat
flat twin [*moteur*] flat twin
fléchissement *m* sag
flexible flexible
flexible de frein *m* brake hose
flotte *f* fleet
flottement à basse vitesse *m* low-speed wobble
flottement à haute vitesse *m* high-speed wobble
flottement du piston *m* piston flutter
flotteur *m* float
fluide *m* fluid
fluide aéré *m* aerated fluid
fluide moteur *m* engine fluid
fluide d'embrayage *m* clutch fluid
fluide de nettoyage *m* cleaning fluid
fluide de refroidissement *m* coolant
fluidité *f* fluidity
flux inducteur *m* excitation flux

flux lumineux convergent *m* converging beam
flux opposés *mpl* cross-flow
fonctionnement en accélération partielle *m* part-throttle operation
fonctionnement en charge partielle *m* part-load operation
fond de dent *m* [*de couronne*] root
fond de sculpture *m* tread bottom
fonderie *f* foundry
fonte *f* iron casting
force *f* force
force auto-corrective *f* self-righting power
force centrifuge *f* centrifugal force
force centripète *f* centripetal force
force électromotrice *f* electromotive force, emf
force latérale *f* side force
force primaire *f* primary force
force au crochet *f* drawbar pull
force de serrage *f* tightening force
force de traction *f* traction force, tractive force
forces latérales en virage *fpl* lateral cornering forces
forces d'inertie *fpl* inertia forces
forces de cisaillement *fpl* shear forces
forces en virage *fpl* cornering force
forge *f* forge
forger to forge
forme du jet *f* spray pattern
former par roulage to roll
Formule Ferguson *f* [*4x4*] Ferguson Formula
fossé d'inspection *f* inspection pit
fourche *f* Y junction, fork
fourche d'attelage *f* trailer hitch
fourchette d'embrayage *f* clutch fork
fourchette de débrayage *f* release fork
fourgon *m* lorry
fourgonnette *f* van, panel truck
fourre-tout *m* storage pocket
fourreau *m* sleeve
frein *m* brake
frein hydraulique *m* hydraulic brake
frein moteur *m* engine braking
frein pneumatique *m* air brake
frein secondaire *m* emergency brake
frein à came *m* cam-operated brake
frein à deux mâchoires *m* double shoe brake
frein à disque *m* disc brake
frein à main *m* handbrake, parking brake
frein à tambour *m* drum brake
frein d'embrayage *m* clutch stop
frein de stationnement *m* parking brake
frein sur échappement *m* exhaust brake
frein sur transmission *m* transmission brake
freinage *m* braking
freinage électronique ABS *m* electronically sensed ABS
freinage à double circuit *m* dual circuit brakes
freinage à régénération *m* regenerative braking
freiner to brake
freins arrière *mpl* rear brakes
freins assistés *mpl* power brakes
freins avant *mpl* front brakes
freins à bande *mpl* band brakes
friction *f* friction
fritter [*métal*] to sinter
froid cold

front de flamme *m* flame front
frottement *m* friction, binding
frotteur *m* slipper
fuite *f* leak, leakage, seepage
fuite de gaz *f* (gas) blow-by
fuite par le joint de culasse *f* cylinder gasket blowing
fuites de gaz par les segments d'étanchéité *fpl* blow-by leakage
fusée *f* hub carrier, axle
fusée de direction *f* stub axle
fusible *m* fuse
fût primaire *m* primary barrel
fût secondaire *m* secondary barrel

G

gâche de porte *f* striker plate
gaine *f* [*aération*] duct
gaines de chauffage *fpl* heater ducting
galerie *f* roof rack
galerie de toit *f* roof rail, roof rack
galet *m* roller
galet asymétrique *m* sprag
galet de direction *m* roller follower
galvanisé galvanized
galvanomètre *m* galvanometer
gamme moyenne *f* mid-range
gamme de transmission *f* driving range
garage *m* garage
garagiste *m* garage mechanic, garage owner
garantie anti-corrosion *f* anti-corrosion guarantee, anti-perforation warranty
garantie mécanique *f* mechanical warranty
garde au sol *f* ground clearance
garer to park
se **garer** to park
garnissage de plafond *m* headliner, headlining
garnissage de siège *m* seat trim
garnissage du coffre *m* boot liner
garniture *f* lining; [*de siège*] upholstery; [*de frein*] lining; ***à garniture amiante*** asbestos-lined
garniture de frein *f* brake lining
garniture de friction *f* friction lining, ring of frictional material
gas(-)oil *m* diesel
gaz *m* gas
gaz ammoniac *m* ammonia gas
gaz aspiré *m* inhaled gas
gaz brûlés *mpl* burnt gases
gaz carbonique *m* carbon dioxide
gaz comprimé *m* compressed gas
gaz corrosif *m* corrosive gas
gaz inerte *m* inert gas
gaz naturel comprimé *m* compressed natural gas
gaz résiduel *m* residual gas

gaz d'échappement *m* exhaust gas
gaz de carter *mpl* crankcase emissions
gaz de combustion *mpl* combustion gases
gaz de pétrole liquéfié *m* liquefied petroleum gas
gazole *m* Derv, diesel
geler to freeze
générateur *m* generator
générateur compound *m* compound-wound generator
générateur optique d'impulsions *m* optical pulse generator
générateur shunt *m* shunt-wound generator
générateur d'impulsions *m* pulse generator
générateur d'impulsions Hall *m* Hall pulse generator
générateur d'impulsions à induction *m* magneto ignition unit
générateur de courant alternatif *m* alternating current generator
génératrice *f* generator
génératrice à enroulement série *f* series-wound generator
géométrie anti-plongée *f* anti-dive geometry
géométrie du train avant *f* steering geometry
gestion de parc *f* fleet management
gicleur *m* jet
gicleur d'eau *m* water jet
gicleur d'essence *m* petrol jet, petrol spray
gicleur d'huile *m* oil jet
gicleur de carburant *m* fuel jet
gicleur de débit *m* metering jet
gicleur de lave-glace *m* windscreen washer jet
gicleur de pompe *m* pump jet
gicleur de ralenti *m* idler jet, idling jet, slow-running jet
glace électrique *f* electric window
glace de custode *f* quarterlight, quarterwindow
glace de diffusion *f* lens
glissant slippery
glissement *m* slip
glissière *f* runner
glissière anti-plongée *f* anti-submarining ramp
gonflage *m* inflation
gonfler to inflate
gorge *f* throat
goujon *m* stud
goujon d'entraînement *m* driving stud
goulot de remplissage de carburant *m* fuel filler
goulotte de remplissage *f* filler neck
goupille *f* split pin, pin
gousset *m* gusset, gusset plate
goutelette de carburant *f* fuel droplet
gouttière *f* gutter
GPL (= Gaz de Pétrole Liquéfié) *m* LPG
graissage *m* greasing, lubrication
graisse *f* grease
graisse lubrifiante *f* lubricant
graisse au savon de chaux *f* lime-soap grease
graisse au silicone *f* silicone grease
graissé greased
graisseur *m* grease nipple, lubrication nipple, nipple
graphite *m* graphite
grattoir *m* scraper
gravillons *mpl* loose chippings
griffe *f* dog

grille-calandre *f* grille
grille d'entrée d'air *f* air vent
grille de radiateur *f* radiator grille
grille de réchauffeur *f* heater matrix
grille de l'évaporateur *f* evaporator matrix
grippage *m* seizure
grondement *m* boom
groupe moto-propulseur *m* powerplant
guidage *m* steering
guide chaîne *m* chain guide
guide électronique d'itinéraire *m* electronic route finder
guide de poussoir *m* tappet guide
guide de soupape *m* valve guide
guide de soupape intégré *m* integral valve guide
guide de soupape lisse *m* plain valve guide

H

habillage *m* trim; [*de la caisse*] assembly
habillage intérieur *m* interior trim
habitabilité *f* capacity
habitacle *m* cabin, passenger compartment
halogène *m* halogen
halogène à quartz *m* quartz-halogen
hard-top *m* hard-top
harnais de sécurité *m* safety harness
haut-parleur *m* loud speaker
haut-de-gamme top-of-the-range
haute tension *f* high tension, high voltage
haute vitesse *f* high speed
hauteur *f* height
hauteur limite *f* height limit
hauteur d'aspiration positive *f* positive suction lift
hauteur au plafond *f* headroom
hauteur du filetage *f* [*de bougie*] reach
hayon (arrière) *m* hatchback, tailgate; [*de camion*] tailgate
hayon élévateur *m* lifting tailgate
hélicoïdal helical
hémisphérique hemispherical
hernie *f* [*de pneu*] bulge
historique d'entretien *m* service history
homofocal [*réflecteur*] homofocal
horodateur: à horodateur pay and display
hors-route off-highway
hot rod *m* hot rod
housse de protection *f* protective cover
HP = Haut-Parleur *m*

HT (= Haute Tension) *f* ht
hublot *m* scuttle
hublot de contrôle *m* sight glass
huile *f* oil
huile détergente *f* detergent oil
huile HD *f* heavy duty oil
huile moteur *f* engine oil
huile multigrade *f* multi-grade oil, cross-grade oil
huile réfrigérante *f* refrigerant oil
huile synthétique *f* synthetic oil
huile de damper *f* damper oil, hydraulic fluid
huile de graissage *f* lubricating oil, lubricant
huile de lubrification *f* lubricating oil, lubrication oil
huile de pont *f* differential oil
huile de réducteur *f* differential oil
huile pour boîte de vitesses automatique *f* automatic transmission fluid
huiles lourdes *fpl* heavy oils
hydrocarbure *m* hydrocarbon
hydrogène *m* hydrogen
hydromètre *m* hydrometer
hypoïd [*engrenage*] hypoid

I

îlot *m* island
imbrûlés *mpl* unburned hydrocarbons
immatriculer [*voiture*] to register
immobile stationary
immobilisé immobilized
immobiliser to stop; [*avec sabot*] to clamp
impulsion électrique *f* electrical impulse
impulsion inductive *f* induction impulse
incendie *m* fire
inclinable reclining
inclinaison *f* [*de dossier*] angle
inclinaison du pivot de fusée *f* king pin inclination, swivel-axis inclination
inclinomètre *m* inclinometer
indicateur lumineux de porte ouverte *m* door-open warning light
indicateur à diodes électroluminescentes *m* LED indicator
indicateur d'usure *m* [*de pneu*] tread depth gauge, tread depth safety indicator, tread wear indicator
indicateur (de changement) de direction *m* (directional) indicator, direction indicator
indicateur de hauteur d'éclairage *m* headlamp level indicator
indicateur de préchauffage moteur diesel *m* pre-heater

warning light
indicateur de pression *m* pressure indicator
indicateur de pression d'huile *m* oil pressure gauge
indicateur de pression de pneu *m* tyre pressure gauge
indicateur de température *m* temperature indicator
indicateur de température extérieure *m* external temperature display
indicateur de température d'huile *m* oil temperature gauge
indicateur de vitesses *m* speedometer
indice d'octane *m* octane number
indice d'octane méthode moteur *m* motor octane number, MON
indice de cétane *m* cetane number
indice de viscosité *m* viscosity index
indiquer to indicate
inductance *f* induction
inducteur *m* inductor
induction *f* induction
induit *m* rotor, armature
industrie automobile *f* motor industry, automotive industry
inflammabilité *f* ignitibility
inflammable flammable
informations routières *fpl* traffic information
infraction *f* offence
infraction au code de la route *f* traffic offence
inhibiteur *m* inhibitor
inhibiteur d'oxydation *m* oxidation inhibitor
inhibiteur de corrosion *m* corrosion inhibitor
inhibition de la corrosion *f* corrosion prevention
injecter to inject
injecteur *m* injector
injecteur multitrous *m* multi-hole injector, multi-hole nozzle
injecteur Pintaux *m* Pintaux injector, Pintaux nozzle
injecteur à trous *m* multi-hole type nozzle, hole-type nozzle
injecteur de carburant *m* fuel injector
injecteur de démarrage à froid *m* cold start injector
injection continue *f* continuous injection, continuous-flow injection
injection diesel *f* diesel injection
injection directe *f* direct injection
injection électronique *f* electronic fuel injection
injection électronique multipoint *f* multipoint electronic fuel injection
injection indirecte *f* indirect injection
injection mécanique *f* mechanical injection, solid injection
injection monopoint *f* single-point fuel injection
injection multipoint *f* multi-point injection, multi-port fuel injection
injection pneumatique *f* air injection
injection synchronisée *f* timed injection
injection d'air *f* air injection
injection d'essence *f* petrol injection
injection dans le collecteur *f* throttle body injection
injection de cire *f* wax injection
insert de pare-chocs *m* bumper insert

insonorisation *f* soundproofing, noise insulation
insonorisation de l'habitacle *f* cabin soundproofing
insonorisé soundproofed
instrumentation *f* instrumentation
instruments *mpl* instruments
insufflation d'air *f* air injection
intégré built-in
intercooler *m* intercooler
interdiction *f* inhibit
intérieur *m* interior
intérieur cuir *m* leather trim
intérieur sport *m* sports trim
intermittent intermittent
interrupteur *m* switch
interrupteur électromagnétique *m* electromagnetic switch
interrupteur multipoint *m* multipoint switch
interrupteur d'allumage *m* ignition cut-off switch, ignition switch
interrupteur de démarrage *m* starter switch
interrupteur de feux de croisement *m* dip switch
interrupteur de recirculation *m* recirculation switch
intersection *f* intersection
introduction d'air par forçage *f* ram air induction
invar® *m* invar
inversé downdraught
inversion automatique du sens de défilement *f* [*d'autoradio K7*] auto-reverse
ionisation *f* ionization
isolant *m* insulator
isolateur *m* insulator
isolation *f* insulation
isolation acoustique *f* soundproofing

J

jambe de force *f* strut
jante *f* rim
jante alu *f* aluminium wheel
jante segmentée à base plate *f* flat-based divided rim
jante à base creuse *f* well-base rim
jante à base semi-creuse *f* semi-drop centre rim
jante à double bourrelet *f* double-hump rim
jante à trois segments à base plate *f* flat-base three-piece rim
jante de roue *f* wheel rim
jante de sécurité *f* safety rim
jante (en) alliage *f* alloy wheel
jante en aluminium *f* aluminium wheel
jante en deux éléments *f* two-

piece rim
jauge *f* gauge
jauge manuelle *f* dipstick
jauge à flotteur *f* float indicator
jauge à vide *f* vacuum gauge
jauge d'épaisseur *f* feeler gauge
jauge d'essence *f* petrol gauge
jauge d'huile *f* oil-level indicator; [*manuelle*] dipstick
jauge d'huile à fil chaud *f* "hot wire" dipstick
jauge de carburant *f* fuel gauge
jauge de précharge *f* preloading gauge
jauge de température *f* temperature gauge
jerrican *m* petrol can, jerry can
jet progressif *m* progression jet
jeu *m* play, lash *Am*
jeu latéral *m* side clearance
jeu à la coupe *m* [*des segments*] gap (in piston ring)
jeu à la direction *m* steering play
jeu à la jupe *m* skirt clearance
jeu aux culbuteurs *m* tappet clearance
jeu d'embouts *m* socket set
jeu d'engrenages *m* gearing
jeu de balais *m* brush set
jeu de fonctionnement *m* working gap
jeu de fusibles *m* fuse set
jeu de soupapes *m* valve clearance
jeu entre-dents *m* backlash
joint *m* joint, seam; [*d'étanchéité*] gasket; [*produit d'étanchéité*] sealant
joint élastomère *m* rubber gasket
joint gaz-eau *m* gas- and water-tight joint
joint homocinétique *m* constant-velocity joint, CV joint
joint homocinétique non coulissant *m* non-plunge universal joint
joint homocinétique trois points *m* tripode CV joint
joint homocinétique trois points coulissant *m* tripode plunge joint
joint moteur *m* engine gasket
joint torique *m* o-ring seal
joint tracta *m* tracta CV joint
joint à lèvre *m* lip-type seal
joint d'étanchéité *m* seal, gasket, sealing ring
joint d'huile *m* oil seal
joint de cardan *m* cardan joint, constant-velocity joint
joint de culasse *m* cylinder head gasket, head gasket
joint de transmission *m* universal joint
joint en caoutchouc *m* rubber joint
joint en liège *m* cork gasket
jointure *f* joint
jonc d'arrêt *m* lock ring
jonc d'enjoliveur *m* wheel trim
jonction *f* junction
journée jaune *f* day with no serious motorway congestion
journée noire *f* day with very severe motorway congestion
journée orange *f* day with some congestion on motorway
journée rouge *f* day with heavy congestion on motorway
jumelle de ressort *f* spring shackle
jupe *f* skirt
jupe avant *f* air dam
jupe entretoise *f* filler skirt
jupe monobloc *f* solid skirt
jupe de pare-chocs *f* bumper skirt
jupe de piston *f* piston skirt
jupes latérales *fpl* side skirts

K

kérosène *m* kerosene, paraffin
kick-down *m* kick-down
kick-starter *m* kick starter
kilométrage *m* mileage
kilométrage illimité *m* unlimited mileage
kilomètres à l'heure *mpl* miles per hour
klaxon *m* horn
klaxonner to sound the horn
km/h (= KiloMètres à l'Heure) ≈ mph
K7 = cassette

L

lacet *m* yaw
laiton *m* brass
lame *f* [*de ressort*] leaf
lame ressort *f* spring blade
lampe *f* lamp
lampe témoin *f* warning lamp, warning light
lampe témoin phare *f* main beam warning lamp
lampe témoin de charge batterie *f* battery charge warning lamp
lampe à incandescence *f* filament lamp
lampe de lecture *f* reading light, map light
laquage *m* lacquering
laque *f* lacquer
largeur au coudes *f* elbow room
largeur de bande de roulement *f* tread width
laser *m* laser
lavage auto *m* car wash
lavage automatique *m* automatic car wash
lavage-balayage *m* wash-wipe
lave-essuie-phare *m* headlamp wash/wipe
lave-glace *m* windscreen washer, windshield washer *Am*, screen wash

lave-phares *m* headlamp washer
lave-projecteurs *m* headlamp washers
lave-vitre *m* windscreen washer, windshield washer *Am*
lecteur cassette *m* cassette player
lecteur de carte *m* map light, spot lamp
lève-glace *m* window winder
lève-vitre *m* window winder
lève-vitre électrique *m* power-operated windows; [*dispositif*] electric window winder
levée de soupape *f* valve lifter
lever [*vitre*] to wind up
levier *m* lever
levier coudé *m* bell crank lever
levier flottant *m* floating lever
levier sélecteur *m* selector lever
levier à fourche *m* forked lever
levier d'arrêt *m* shut-off lever
levier d'engrènement *m* pinion engaging lever
levier de changement de vitesses *m* gear lever, gearshift *Am*
levier de commande intérieur *m* remote lever
levier de débrayage *m* clutch release lever
levier de direction *m* steering lever, pitman arm
levier de frein *m* brake lever
levier de renvoi de direction *m* steering idler arm
levier de transfert *m* transfer lever
levier de vitesses *m* gearstick, gear lever, gearshift *Am*
levier de vitesses au plancher *m* floor shift
levier de vitesses sur colonne de direction *m* column change
liaison élastique *f* rubber joint
liaison fusible *f* fusible link
liaison transversale *f* cross-tie
liaison à action progressive *f* progressive action linkage
ligne: en ligne [*cylindres*] in-line
ligne continue *f* continuous line
ligne discontinue *f* broken line
ligne jaune *f* yellow line
ligne jaune discontinue *f* ≈ single yellow line
ligne d'échappement *f* exhaust system
lime *f* file
limitation de largeur *f* width limit
limitation de suralimentation *f* boost limitation
limitation de vitesse *f* speed limit
limite élastique *f* yield point
limite de rupture *f* yield point
limites d'émissions *fpl* emission restrictions
limiteur de freinage *m* [*correcteur*] pressure limiter
limiteur de régime *m* over-run valve, rev limiter
limousine *f* limousine
liquide hydraulique de frein *m* hydraulic brake fluid
liquide de direction assistée *m* power steering fluid
liquide de frein *m* brake fluid
liquide de nettoyage *m* cleaning fluid
liquide de refroidissement *m* coolant, coolant fluid
liquide pour transmission automatique *m* automatic transmission fluid
lisse bald
lit-nacelle *m* carry cot
lithium *m* lithium
livre de bord *m* handbook
lock-up *m* lock-up
logique floue *f* fuzzy logic

longeron *m* side member, chassis rail
longueur de filetage *f* thread reach
loquet de capot *m* bonnet catch
lourd [*direction*] heavy
lubrifiant *m* lubricant
lubrifiant EP *m* EP lubricant
lubrifiant extrême pression *m* extreme pressure lubricant
lubrifiant métallique *m* metallic lubricant
lubrification *f* lubrication
lubrification hydrodynamique *f* hydrodynamic lubrication
lubrification limite *f* boundary lubrication
lubrification du moteur *f* engine lubrication
lubrification par circulation forcée *f* hydrodynamic lubrication
lubrifier to lubricate
lumière *f* [*d'admission, etc.*] port
lumière d'admission *f* inlet port, intake port
lumière d'échappement *f* exhaust port
lunette AR chauffante *f* heated rear window
lunette arrière *f* rear screen, rear window
lunette arrière panoramique *f* panoramic rear window
lunette chauffante *f* heated window

M

machine-outil *f* machine tool
machine d'équilibrage des roues *f* wheel-balancing machine
machine de rectification *f* grinding machine
mâchoire flottante *f* floating shoe
mâchoire de frein *f* brake shoe
magnétique magnetic
maillet *m* soft-faced hammer, mallet
maintenance *f* maintenance
maintien de la pression *m* holding pressure
maître-cylindre *m* master cylinder
maître-cylindre double *m* dual master cylinder
maître-cylindre tandem *m* tandem master cylinder
malle *f* boot, trunk *Am*
malle arrière *f* luggage compartment, load area
malus *m* loss of no claims bonus
manchon *m* sleeve; [*court*] bush
manchon de débrayage *m* withdrawal sleeve
manchon en caoutchouc *m* rubber

sleeve; rubber bush
maneton *m* crankpin
manette *f* stalk; [*ouverture capot*] lever
manganèse *m* manganese
maniabilité *f* manoeuvrability, handling
manivelle *f* cranking handle; [*de lève-vitre*] window winder
mannequin *m* dummy
manocontact *m* pressure switch
manocontact haute pression *m* high-pressure switch
manocontact d'huile *m* oil pressure switch
manœuvre *f* manoeuvre
manœuvre de stationnement *f* parking manoeuvre
manœuvrer to manoeuvre
manomètre *m* pressure gauge
manomètre de compression *m* cylinder compression gauge
manomètre de pression d'huile *m* oil pressure gauge
manque de tension *m* slackness
manuel *m* handbook
manuel d'entretien *m* maintenance manual, workshop manual, service manual
marche: en marche running
marche arrière *f* reverse, reverse gear; ***faire marche arrière*** to reverse
marche avant *f* forward gear
marchepied *m* running board
marquage antivol *m* [*gravé sur glace*] security window etching
marquage au sol *m* road marking
marquage en zig-zag *m* zig-zag marking
marque *f* marque
marteau *m* hammer
marteau brise-vitre *m* lifehammer
marteau de carrossier *m* ball peen hammer
masse *f* mass
masse suspendue *f* sprung mass
masse volumique *f* density
masse d'équilibrage *f* counter-balance mass, balance mass
masse de contrepoids *f* counter-balance mass
masselotte *f* bob weight; [*de régulateur*] flyweight
masselotte centrifuge *f* centrifugal timing control weight
mastic de colmatage *m* filler paste
matériel de friction *m* friction material
matrice *f* [*de coulée*] die
mazout *m* fuel oil
mécanicien *m* mechanic
mécanique *f* mechanics
mécanique mechanical
mécaniquement mechanically
mécanisme d'avance automatique *m* automatic advance mechanism
mécanisme d'avance centrifuge *m* centrifugal advance mechanism
mécanisme de basculement *m* tipping gear
mécanisme de direction *m* steering gear
mécanisme de sécurité *m* security device; [*pour enfant, etc.*] safety device
mécanisme de sélection *m* striking mechanism
mélange air/carburant *m* fuel/air mixture
mélange air/essence *m* air/petrol mixture
mélange carburé *m* explosive mixture
mélange gazeux *m* gas mixture
mélange pauvre *m* weak mixture,

lean mixture
mélange riche *m* rich mixture
mélange stoëchiométrique *m* chemically correct mixture
membrane *f* diaphragm
mesure du débit d'air *f* air-flow sensing
mesurer to meter
métal antifriction *m* bearing metal
métallisation *f* metalization
métallisé metallic
méthanol *m* methanol
mettre le contact to switch on (the ignition)
mettre en pression to pressure-charge
mettre en route [*moteur*] to start
micromètre *m* micrometer
microordinateur *m* micro-computer
microprocesseur *m* microprocessor
microturbulence *f* micro-turbulence
milieu-de-gamme mid-range
mille *m* [*1,609km*] mile
minibus *m* minibus
ministère des Transports *m* ≈ Department of Transport
miroir de courtoisie *m* vanity mirror
mise du contact *f* switching on the ignition
mode dégradé *m* limp-home mode
mode économique *m* economy mode
mode sport *m* sport mode
mode sûreté intégrée *m* [*ABS*] fail-safe mode
mode de conduite hiver *m* winter driving mode
mode de sélecteur de vitesses *m* gear selector mode
modèle *m* model
modèle-phare *m* flagship
modèle de base *m* entry model
modulable [*espace intérieur*] adjustable
modulateur *m* modulator
module électronique d'allumage *m* electronic ignition control module
module d'allumage *m* ignition module
molybdène *m* molybdenum
moment de lacet *m* yawing moment
moment de rotation *m* turning moment
moniteur de conduite *m* driving instructor
mono-arbre à cames en tête *m* single overhead camshaft
monobranche [*volant*] single-spoke
monocoque [*carrosserie*] monocoque
monocylindre single-cylinder
monoéthylèneglycol *m* monoethylene glycol
monolithe *m* [*convertisseur catalytique*] monolith
monospace *m* people carrier
monotube single-tube
monoxyde de carbone *m* carbon monoxide
montage *m* assembly
montage MacPherson *m* MacPherson strut arrangement
montage serré *m* push fit
montage à blocage central *m* [*de roues*] centre-lock mounting, knock-on mounting
montage à blocage instantané *m* knock-on mounting
montage à la presse *m* press fit

montage du couple conique *m* final drive assembly
montant de pare-brise *m* screen pillar, windscreen pillar, A-pillar
montant de porte *m* door pillar, B-pillar
montant de toit *m* roof pillar
monté au centre centre-mounted
montée *f* climbing, hill-climbing
monter [*des pneus, etc.*] to fit
monter en régime to rev
monteur *m* engine fitter
montre *f* clock
montre digitale *f* digital clock
montre à quartz *f* quartz clock
moquette *f* carpet
motel *m* motel
moteur *m* engine, motor
moteur ACT *m* ohc engine
moteur alternatif *m* reciprocating engine
moteur alternatif à combustion interne *m* internal combustion (reciprocating) engine
moteur alternatif à pistons *m* reciprocating piston engine
moteur carré *m* square engine
moteur central *m* central engine
moteur chaud *m* hot engine
moteur deux cylindres à plat *m* flat twin engine
moteur deux temps *m* two-stroke engine
moteur diesel *m* diesel engine
moteur double arbre à cames en tête *m* double overhead camshaft engine
moteur électrique *m* electric motor
moteur électrique à induction *m* electric induction motor
moteur froid *m* cold engine
moteur hydrogène *m* hydrogen engine
moteur "lean burn" *m* lean-burn engine
moteur longitudinal *m* longitudinal engine
moteur monocylindre *m* single-cylinder engine
moteur multicylindre *m* multi-cylinder engine
moteur multisoupape *m* multi-valve engine
moteur multisoupape à injection électronique *m* multi-valve electronic fuel injected engine
moteur nu *m* short engine
moteur opposé horizontal *m* horizontally opposed engine
moteur pas-à-pas *m* stepper motor
moteur polycarburant *m* multi-fuel engine
moteur polycylindre *m* multi-cylinder engine
moteur propre *m* clean engine
moteur quatre cylindres *m* four-cylinder engine
moteur quatre temps *m* four-stroke engine
moteur rénové *m* reconditioned engine, recon
moteur seize soupapes *m* sixteen-valve engine
moteur série-parallèle *m* series parallel motor
moteur stirling *m* Stirling engine
moteur super carré *m* oversquare engine
moteur thermique *m* heat engine
moteur transversal *m* transverse engine
moteur turbocompressé *m* turbocharged engine
moteur turbo-diesel *m* turbo-diesel engine

moteur V6 *m* V6 engine
moteur wankel *m* wankel engine
moteur à alimentation naturelle *m* naturally aspirated engine
moteur à allumage par bougie *m* spark-ignition engine
moteur à allumage par compression *m* compression-ignition engine
moteur à charge stratifiée *m* stratified charge engine
moteur à combustion interne *m* internal combustion engine
moteur à courant alternatif *m* AC motor
moteur à courant continu *m* DC motor
moteur à cylindres à plat *m* boxer engine
moteur à deux temps *m* two-stroke engine
moteur à double bougie *m* twin-plug engine
moteur à enroulement série *m* series-wound motor
moteur à explosion *m* internal combustion engine
moteur à injection *m* fuel-injected engine
moteur à injection électronique *m* electronic fuel-injected engine
moteur à injection monopoint *m* single-point fuel-injected engine
moteur à injection multipoint *m* multi-point fuel-injected engine
moteur à pistons *m* piston engine
moteur à pistons opposés *m* opposed piston engine
moteur à plat *m* flat engine
moteur à quatre balais *m* four-brush motor
moteur à quatre temps *m* four-stroke engine, four-cycle engine
moteur à refroidissement par eau *m* water-cooled engine
moteur à refroidissement par air *m* air-cooled engine
moteur à soupapes latérales *m* side-valve engine
moteur à soupapes en tête *m* overhead-valve engine
moteur à turbine à gaz *m* gas turbine engine
moteur à l'arrière *m* rear engine
moteur à l'avant *m* front engine
moteur en ligne *m* in-line engine
moteur en V *m* vee engine
motocycle *m* motorcycle
motocyclette *f* motorcycle
motorisation *f* motorization
motorisation essence *f* petrol power
mou *m* [*pédale*] slack, spongy
moulure d'encadrement *f* mouldings
moussage *m* foaming
mousse de siège *f* seat foam
mouvement alternatif *m* up-and-down motion
mouvement harmonique simple *m* simple harmonic motion
mouvement homocinétique *m* homokinetic motion
mouvement tourbillonnaire *m* bulk swirl
mouvement de caisse *m* body roll
mouvement de propulsion *m* drive
mouvement de rotation *m* rotary motion
moyeu *m* hub
moyeu libre *m* non-driving hub
moyeu à roue libre *m* free-wheeling hub
moyeu de roue *m* hub
moyeu de roue motrice *m* driving hub

moyeu de synchronisation *m* synchronizing hub
multigrade [*huile*] multi-grade
multimètre *m* multi-meter
multisoupape *m* multi-valve engine
multisoupape multi-valve

N

nacelle *f* nacelle, carry cot
nacré pearlescent
nappe carcasse *f* [*de pneumatique*] casing ply
nappe croisée *f* cross-ply
nappe d'armature *f* [*de pneumatique*] belt
nationale *f* A-road *Br*, national highway *Am*
nécessaire de réparation *m* repair kit
nerveux [*moteur*] responsive
neutre *m* neutral
nickel *m* nickel
nid d'abeille *m* honeycomb
nid de poule *m* pothole
nitrate *m* nitrate
nitrure de fer *m* iron nitride
nitrurer to nitride
niveau sonore *m* noise level
niveau d'eau *m* water level
niveau d'électrolyte *m* electrolyte level
niveau d'essence *m* petrol level
nomenclature *f* parts list
non suspendu [*freins*] outboard
noyau *m* core
noyer [*moteur*] to flood
nuage d'huile *m* oil mist
nuancier *m* graduated tint shadeband
numéro d'immatriculation *m* registration number
numéro d'immatriculation du véhicule *m* vehicle identification number, VIN
numéro de châssis *m* chassis number, commission number
numéro de clé *m* key number
numéro de moteur *m* engine number
numéro de permis de conduire *m* driving licence number
numéro de série *m* car serial number
numéro de sociétaire *m* insurance number

O

obturateur *m* shutter
oobturateur papillon *m* throttle valve
obturateur à lame rotative *m* [*de rupteur*] chopper plate shutter
obturateur de bloc *m* core plug
octane *m* octane
odomètre *m* odometer
œil *m* eye
ohm *m* ohm
ohmmètre *m* ohmmeter
oléopneumatique air/hydraulic
olive *f* [*raccord de tuyau*] olive
opposé horizontal [*moteur*] horizontally opposed
optique *f* optics
ordinateur *m* digital computer
ordinateur de bord *m* trip computer
ordre d'allumage *m* firing order
orientation de la roue *f* wheel alignment, tracking
orifice *m* port
orifice variable *m* variable port
orifice d'admission *m* inlet port
orifice d'air *m* air port
orifice d'alimentation *m* feed hole
orifice d'arrivée d'essence *m* petrol port
orifice d'écoulement d'huile *m* oil drain hole
orifice de cuve à niveau constant *m* float chamber vent
orifice de dérivation *m* by-pass port
orifice de mise à la pression atmosphérique *m* atmospheric vent
orifice de ralenti *m* idle port
orifice de reniflard *m* breather port
orifice de retour *m* spill port
orifice de retour de carburant *m* fuel discharge outlet
orifice de sortie *m* outlet port
orifice de transfert *m* transfer port
oscillation *f* oscillation
oscillations de la chaîne *fpl* chain flutter
ossature tubulaire *f* box section chassis
outil *m* tool
outillage *m* tools
ouverture *f* opening; [*des pneus*] toe-out; ***avoir de l'ouverture*** to run wide
ouverture du papillon *f* throttle opening
ouverture sans clé *f* keyless entry
ovalisation *f* ovality
overdrive *m* overdrive
oxyde *m* oxide
oxyde nitrique *m* nitric oxide
oxyde d'azote *m* nitrogen oxide
oxyde de carbone *m* carbon monoxide
oxyder to oxidize

P

pack sécurité *m* security pack
paille de laiton *f* brass wire gauze
papillon des gaz *m* throttle
palier *m* bearing, trunnion
palier central *m* centre bearing
palier lisse *m* plain bearing
palier porteur *m* spigot bearing
palier principal *m* main bearing
palier radial cylindrique *m* cylindrical roller bearing
palier d'appui *m* mounting
palier d'axe *m* axle bearing
palier de centrage d'arbre d'embrayage *m* clutch shaft spigot bearing
palier de tête de bielle *m* big-end bearing
palier de l'arbre à cames *m* camshaft bearing
palier en deux parties *m* split bearing
palpeur de détonation *m* knock sensor
panne *f* breakdown; ***tomber en panne*** to break down
panneau *m* panel; [*d'indication*] road sign
panneau insonorisant *m* sound damping panel
panneau d'indication *m* direction sign
panneau de carrosserie *m* body panel
panneau de porte *m* door panel
panneau de signalisation *m* road sign
pantographe *m* scissor jack
papier imprégné résine *m* resin-impregnated paper
papillon *m* butterfly valve, throttle
papillon primaire *m* primary throttle
paraffinage *m* waxing
parallélisme des roues *m* wheel alignment
parasites de radio *mpl* radio interference
parc d'exposition *m* forecourt
parc de stationnement *m* car park, parking lot *Am*
parc de stationnement à plusieurs niveaux *m* multi-storey car park, multi-story parking garage *Am*
parc de véhicules *m* fleet
parcmètre *m* parking meter
parcours *m* route
pare-brise *m* windscreen, windshield *Am*
pare-brise feuilleté *m* laminated windscreen
pare-chocs *m* bumper, fender *Am*; ***pare-chocs contre pare-chocs*** bumper-to-bumper
pare-chocs auto-réparable *m* self-repairing bumper
pare-chocs bouclier *m* bumper
pare-chocs circonférenciel *m*

wrap-around bumper
pare-chocs enveloppant *m* wrap-around bumper
pare-chocs à absorption d'énergie *m* energy-absorbing bumper
pare-feu de moteur *m* engine bulkhead, firewall *Am*
pare-flammes *m* flame arrester
pare-soleil *m* sun visor
parking *m* car park, parking lot *Am*
paroi *f* wall
paroi des cylindres *f* cylinder wall
parois du piston *fpl* piston walls
particules de plomb *fpl* lead particles
partie menante *f* driving member
partie menée *f* driven member
pas de vis *m* screw thread
passage piéton *m* pedestrian crossing, crosswalk *Am*
passage souterrain *m* underpass
passage à niveau *m* level crossing, grade crossing *Am*
passage à la vitesse supérieure *m* up-change, upshift
passage d'air de roue *m* wheel vent
passage d'huile *m* oil gallery, oilway
passage de rapports *m* gear shifting
passage de roue *m* wheel arch
passage de vitesses *m* gear shifting
passage de l'huile *m* oil passage
passage pour piétons *m* zebra crossing, crosswalk *Am*
passager *m* passenger
passager arrière *m* back-seat passenger
patin amortisseur *m* damping slipper
patinage de l'embrayage *m* clutch slip
patinage des roues *m* wheel spin
patiner to skid; ***faire patiner l'embrayage*** to slip the clutch
pavés *mpl* cobblestones
pavillon *m* roof, roof panel
péage *m* toll
peau de chamois *f* chamois leather
peau de porte *f* door skin
pédale *f* pedal
pédale d'accélérateur *f* accelerator pedal
pédale d'embrayage *f* clutch pedal
pédale de frein *f* brake pedal
peinture *f* paintwork
PEMI (= Pression Effective Moyenne Indiquée) *f* IMEP
pente *f* slope
pente de fermeture *f* closing flank
percer to drill
perceuse électrique *f* electric drill
performance *f* performance; ***moteur (à) haute performance*** *m* high-performance engine
périmètre de vision *m* zone of vision
périphérique *m* ring road
permis *m* licence
permis provisoire *m* temporary licence issued after passing driving test
permis tous véhicules *m* full licence
permis de conduire *m* driving licence, driver's license *Am*
permis de conduire international *m* international driving licence
personnes transportées *fpl* passengers
pertes par frottement interne *fpl* internal friction losses
pertes par pompage *fpl* pumping losses

pesant [*direction*] heavy
peson à ressort *m* spring balance
pétrole *m* petroleum
pétrole brut *m* crude petroleum
pétrolier *m* petrol tanker
phare antibrouillard *m* fog light
phare AV *m* headlight
phare halogène *m* halogen headlight
phénomène de pompage *m* hunting action
phénomène de shimmy *m* wheel shimmy
phosphore *m* phosphorus
photodiode *f* photodiode
photo-transistor *m* photo-transistor
pick-up *m* [*camion*] pick-up truck, pick-up
pièce détachée *f* component; [*de rechange*] spare part
pièce matricée *f* pressing
pièce de carrosserie *f* body part
pièce de fonte *f* casting
pièce de rechange *f* spare part, spare
pièce en croix *f* crosspiece
pièce en mouvement *f* moving part
pièces d'automobile *fpl* automotive parts
pied *m* [*de bielle*] small end
piège à particules *m* particulate trap
piéton *m* pedestrian
pignon *m* gearwheel; [*d'attaque*] pinion
pignon central *m* central gear
pignon conique *m* bevel gear
pignon conique hypoïde *m* hypoid bevel
pignon fou *m* idler
pignon planétaire *m* planet gear, planet wheel
pignon satellite *m* (intermediate) planet gear, gearing between sun gear and planet gear
pignon à chaîne *m* sprocket
pignon à denture oblique *m* skew gear
pignon d'arbre intermédiaire *m* layshaft gear, countershaft gear
pignon d'arbre à cames *m* camshaft gearwheel, camshaft gear
pignon d'attaque *m* [*de différentiel*] driving pinion
pignon de calage de l'arbre à cames *m* camshaft timing gear
pignon de chaîne de distribution *m* timing chain sprocket
pignon de deuxième *m* second gear(wheel)
pignon de distribution *m* timing gear
pignon de marche arrière *m* reverse gear(wheel)
pignon de première *m* first gear(wheel)
pignon de renvoi de marche arrière *m* reverse idler
pignon de troisième *m* third gear(wheel)
pignon de l'arbre intermédiaire *m* layshaft gear
pignon en prise constante *m* constant-mesh pinion, constant-mesh wheel
pignonnerie d'entraînement *m* driving gear
pignons coniques à denture droite *mpl* straight bevel gears
pignons multiples de marche arrière *mpl* compound reverse gears
piloter to drive
pince *f* [*de câble*] cable clip;

[*outil*] pliers
pince multiprise *f* combination pliers
pince universelle *f* combination pliers
pince à becs fins *f* needle-nosed pliers
pince à becs pointus *f* pointed-nose pliers
pince à circlip *f* circlip pliers
pincement des roues avant *m* toe-in
pinces *fpl* pliers
pinces coupantes d'électricien *fpl* electrician's side cutters
pion *m* peg
piquage *m* pitting
piste *f* race
piste d'essai *f* test track
piste des billes *f* ball race
piste en terre *f* dirt track
piston *m* piston; ***à piston*** plunger
piston commandé par dépression *m* vacuum-operated piston
piston plongeur *m* plunger
piston à chambre *m*, **piston à évidement** *m* bowl-in-piston
piston à évidement à bossage *m* W slot piston
piston à jupe en deux parties *m* split-skirt piston
piston à plaque intermédiaire *m* link strut piston
piston de commande *m* [*doseur-distributeur de carburant*] control plunger
piston de frein *m* brake piston
piston de pompe *m* pump plunger
piston de servo *m* booster piston
pivot *m* pivot
pivot à blocage *m* stalk mounting pivot
pivot de direction *m* pivot pin
pivot de fusée *m* swivel pin, king pin
place aux pieds *f* footwell
place pour les jambes *f* legroom
plafonnier *m* courtesy light
plafonnier temporisé *m* courtesy delay light
plage arrière *f* rear parcel shelf
plage de régime *f* engine speed range, rev range
plage de régime critique *f* critical speed range
plan *m* map
plan incliné *m* ball ramp
plan de gauche *m* [*des cylindres*] left bank
plan de joint *m* gasket face
planche de bord *f* dashboard, fascia panel
plancher *m* floor, floorpan
plancher de chargement *m* load floor
planétaire *m* sun gear
planétaire planetary
plaque arrière *f* rear number plate
plaque minéralogique *f* number plate
plaque oscillante *f* [*de pompe d'injection rotative*] cam plate
plaque protectrice *f* guard plate
plaque-support *f* back plate
plaque d'acier *f* steel plate
plaque d'auto-école *f* ≈ L-plate
plaque d'identification du modèle *f* model identification plate
plaque d'immatriculation *f* number plate *Br*, licence plate
plaque de butée *f* abutment plate
plaque de verrouillage *f* lock plate
plaquette *f* pad
plaquette de fixation *f* retaining ring

plaquette de frein *f* brake pad
plastique renforcé fibre de verre *m* fibre glass reinforced plastic
plat flat; ***à plat*** flat
plateau absorbeur de couple *m* torque plate
plateau menant *m* driving plate
plateau mené *m* driven plate
plateau oscillant *m* wobble-plate, swashplate
plateau porte-rupteur *m* contact breaker plate
plateau presseur *m* pressure plate
plateau d'embrayage *m* clutch plate
plateau de chargement *m* load bed, load platform
plateau de friction *m* friction plate
plateau de pression *m* pressure plate
plateau de pression à grosse section *m* heavy section pressure plate
plate-forme *f* platform
plate-forme de chargement *f* load deck
platine *m* platinum
plein: en pleins phares on full beam
plein *m* [*d'essence*] fill-up; ***faire le plein*** to fill up
pleine levée *f* maximum lift
pleins gaz *mpl* full throttle
pli *m* ply
pli diagonal *m* diagonal ply
pli radial *m* radial ply
plomb *m* lead
plomb-étain *m* lead-tin
plomb tétraéthyle *m* tetra-ethyl lead, TEL
plongée (au freinage) *f* dive
PMB (= Point Mort Bas) *m* bdc
PMH (= Point Mort Haut) *m* tdc
pneu *m* tyre, tire *Am*
pneu clouté *m* studded tyre
pneu pluie *m* wet weather tyre
pneu rechapé *m* retread
pneu remoulé *m* remould
pneu temps sec *m* dry weather tyre
pneu taille basse *m* low-profile tyre
pneu tout-temps *m* all-weather tyre
pneu tout-terrain *m* all-terrain tyre
pneu à architecture radiale *m* radial-ply tyre
pneu à carcasse diagonale *m* diagonal-ply tyre
pneu à ceinture *m* braced tyre, belted tyre
pneu à enveloppe concave *m* concave crown tyre
pneu à structure diagonale *m* cross-ply tyre
pneu à structure diagonale ceinturé *m* bias-belted tyre
pneu à structure radiale *m* radial tyre
pneu à usage mixte *m* town and country tyre
pneu sans chambre *m* tubeless tyre
pneumatique *m* pneumatic tyre
pneus jumelés *mpl* twin tyres
poche de vapeur *f* steam pocket
poids limite remorqué *m* towing limit
poids lourd *m* heavy goods vehicle, HGV, lorry, truck *Am*
poids mort *m* dead weight
poids non suspendu *m* unsprung weight
poids remorqué *m* tow weight
poids total autorisé *m* maximum permissible weight

poids à vide *m* unloaded weight, kerb weight
poids en charge *m* loaded weight
poids en ordre de marche *m* kerb weight
poignée *f* handle
poignée de coffre *f* boot handle
poignée de maintien *f* passenger assist handle, grab handle
poignée de portière *f* door handle
point allumage *m* firing point
point dur du sélecteur *m* selector detent
point fixe de mâchoire *m* shoe anchor
point milieu *m* centre position
point mort *m* [*de piston*] dead centre; [*de boîte de vitesses*] neutral
point mort bas *m* bottom dead centre
point mort haut *m* top dead centre
point noir *m* accident blackspot
point talon *m* accelerator heel point
point d'allumage *m* firing point
point d'ancrage *m* anchorage point
point d'attaque *m* biting point
point d'ébullition *m* boiling point
point d'ébullition à sec *m* dry boiling point
point d'inflammation *m* point of ignition
point de choc initial *m* [*sur constat amiable*] initial point of impact
point de contact *m* point of contact
point de coulée *m* pour point
point de fermeture de l'orifice *m* point of port closure
point de levage *m* [*au cric*] jacking point, jack point
point de montée en pression *m* pressure take-off point
point de prise *m* [*d'embrayage*] take-up point
point de soudure *m* weld spot
pointeau *m* needle, center punch; [*de flotteur*] needle float, needle valve
pointeau de dosage *m* metering rod
polarité *f* polarity
police d'assurance *f* insurance policy
polluant *m* pollutant
polluant acide *m* acid pollutant
polluant toxique *m* toxic pollutant
pollution *f* pollution
pollution automobile *f* traffic pollution
polypropylène *m* polypropylene
pommeau *m* [*de levier de vitesses*] knob
pompage *m* [*de moteur*] hunting
pompe *f* pump; [*de convertisseur*] impeller
pompe distributrice *f* distributor pump
pompe électrique à carburant *f* electric fuel pump
pompe rotative *f* rotary pump
pompe type DPA *f* DPA-type pump
pompe à ailettes excentrées *f* eccentric vane pump
pompe à air *f* air pump
pompe à carburant *f* fuel pump
pompe à course de piston variable auto-régulée *f* variable-stroke self-regulating plunger-type pump
pompe à eau *f* water pump
pompe à essence *f* petrol pump, fuel pump

pompe à galet *f* roller-type pump
pompe à huile *f* oil pump
pompe à huile à engrenages extérieurs *f* gear-type oil pump
pompe à huile à engrenages intérieurs *f* internal-external oil pump
pompe à membrane *f* diaphragm pump
pompe à piston *f* plunger pump
pompe à pression *f* pressure pump
pompe à rotor excentré *f* eccentric rotor pump
pompe à vide *f* exhauster
pompe d'accélération *f* accelerator pump
pompe d'accélération à dépression *f* vacuum-operated accelerator pump
pompe d'alimentation *f* feed pump
pompe d'alimentation en carburant *f* fuel supply pump
pompe d'injection *f* injection pump, injector pump
pompe de balayage *f* scavenging pump, scavenge pump
pompe de distribution *f* distributor pump
pompe de graissage *f* grease gun
pompe de refoulement *f* lift pump
pompe de relevage *f* lift pump
pompe de reprise *f* accelerator pump, acceleration pump
pompe de transfert *f* transfer pump
pomper [*accélérateur*] to pump
pont *m* drive axle; [*routier*] bridge
pont arrière *m* rear drive axle
pont autoroutier *m* motorway bridge, overpass
pont hypoïde *m* hypoid drive axle
pont tandem *m* tandem axle
pont à péage *m* toll bridge
pontage du convertisseur de couple *m* torque converter lock-up
porte *f* door; ***cinq portes*** five-door
porte-balais *m* [*de démarreur*] brush holder
portefeuille *m* [*de semi-remorque en cas de freinage*] jackknifing
porte-injecteur *m* nozzle holder
porte latérale *f* side door
porte-manteau *m* coat hook
porte-raclette *m* wiper arm
porte-satellites *m* planet carrier
porte-skis *m* ski carrier, ski rack
porte-vélo *m* bike carrier
porte-à-faux arrière *m* rear overhang
porte de coffre *f* boot lid
portée *f* [*sur siège de soupape*] face
portière *f* door
position débrayée *f* disengaged position
position nuit anti-éblouissement *f* [*rétro intérieur*] anti-glare position
position repos (du moteur) *f* engine-stationary position
position de conduite *f* driving position
poste d'appel d'urgence *m* emergency telephone
poste de péage *f* toll booth
pot catalytique *m* catalytic converter
pot à absorption *m* absorption silencer
pot à catalyseur *m* catalytic converter
pot d'échappement *m* silencer, muffler *Am*
pot de résonance *m* resonance

chamber
poteau indicateur *m* signpost
potentiomètre *m* potentiometer
potentiomètre de débit d'air *m* air flow potentiometer
poulie *f* pulley
poulie folle *f* idler
poulie d'entraînement *f* drive pulley
poulie d'entraînement du distributeur *f* distributor drive pulley
poulie de pompe à eau *f* water pump pulley
poulie de vilebrequin *f* crankshaft pulley
poulie de l'arbre à cames *f* camshaft pulley
pousser to push
poussoir *m* tappet, cam follower
poussoir auto-régleur *m* self-adjusting tappet
poussoir cylindrique *m* barrel type tappet, cylindrical lifter
poussoir hydraulique *m* hydraulic tappet, hydraulic lifter
poussoir à base plate *m* flat-based tappet
poussoir à galet *m* roller tappet
poussoir (de came) à base bombée *m* curved-end tappet
poussoir de soupape *m* valve tappet
poutre de renfort de porte *f* side-impact door beam
pouvoir antidétonant *m* anti-knock rating
pouvoir calorifique *m* calorific value
pré-allumage *m* pre-ignition
préchambre *f* pre-combustion chamber, ante-chamber
précharge *f* pre-load
préchauffage *m* pre-heating
préchauffage moteur diesel *m* pre-heating
pré-équipement radio *m* pre-install radio
préfiltre *m* pre-filter, coarser filter
prélavage *m* prewash
prélubrifié pre-lubricated
première vitesse *f* first gear
prendre en étau to clamp
pré-sélecteur *m* pre-selector
presse étoupe *m* gland
pression *f* pressure; ***sous pression*** under pressure
pression absolue dans le collecteur *f* manifold absolute pressure
pression atmosphérique *f* atmospheric pressure
pression effective moyenne indiquée *f* indicated mean effective pressure
pression hydraulique *f* hydraulic pressure
pression moyenne efficace *f* mean effective pressure
pression d'air différentielle *f* differential air pressure
pression d'éclatement *f* blow-off pressure
pression d'huile *f* oil pressure
pression de gonflage *f* tyre pressure
pression de rupture *f* breaking pressure
pression des pneumatiques *f* tyre pressure
pression du carburant *f* fuel pressure
pression sur la pédale *f* pedal pressure
pressuriser to pressurize
pré-tenseur de ceinture *m* seatbelt

pre-tensioner
prévoir une avance à l'allumage to advance the ignition
primaire *m* primary
principe de la dépression constante *m* constant depression principle
priorité *f* right of way
prise *f* [*femelle*] socket; [*mâle*] plug
prise constante *f* constant mesh
prise avec fusible incorporé *f* melt-plug
prise d'air *f* air intake, air bleed
prise d'air avant *f* front air intake
prise d'air de la soufflante *f* blower intake
prise de mouvement *f* power take-off
prix de catalogue *m* list price
processus d'émulsification *m* emulsifying process
production de masse *f* mass production
produit d'étanchéité *m* sealing compound
produit de polissage *m* car polish
profil *m* profile
profil du capot *m* bonnet line
profilé creux *m* box frame section
profilé creux de châssis *m* channel frame section
profilé en T *m* T section
programmation des stations *f* [*d'autoradio*] station presetting
progression géométrique *f* [*des rapports de boîte*] geometric progression
projecteur *m* headlamp, headlight
projecteur antibrouillard *m* fog lamp
projecteur halogène *m* halogen headlight
projecteur polyéllipsoïde *m* poly-ellipsoid headlight
projection de gravillons *f* loose chippings
promenade en voiture *f* drive
propagation du front de flamme *f* flame front propagation
propane *m* propane
propre clean
propulsion *f* propulsion
propulsion arrière *f* rear-wheel drive
propulsion électrique *f* electric propulsion
protection de carter *f* sump guard
protection de démarrage à froid *f* cold start protection
protection de projecteur *f* headlamp protector
protection de phare *f* lamp guard
prototype *m* prototype
puissance *f* power; [*ch*] horsepower
puissance administrative *f* taxable horsepower
puissance (ch-tr/mn) *f* power (bhp/rpm)
puissance DIN *f* DIN rating
puissance effective *f* power output
puissance fiscale *f* taxable horsepower
puissance indiquée *f* indicated horsepower
puissance maximale *f* maximum power
puissance nominale *f* rated power
puissance utile *f* usable brake horsepower, usable bhp
puissance à bas régime *f* bottom-end power
puissance de traction *f* pulling power
pulsation *f* [*de collecteur*] pressure pulse

pulsation des gaz *f* gas pulsation
pulvérisateur *m* atomizer
pulvérisation *f* atomization; [*jet*] atomized spray
pulvérisation métallisée *f* metal-spraying
pulvérisé atomized
pulvériser to atomize
purge *f* bleeding
purge de carburant *f* fuel bleed
purger les freins to bleed the brakes
purgeur *m* bleeder valve
PVC (= polychlorure de vinyle) *m* PVC
pyrène *m* pyrene

Q

quatre cylindres four-cylinder
quatre cylindres à plat flat four
quatre portes four-door
4x4 *m* 4x4, 4wd
quatre roues directrices *fpl* four-wheel steering
quatre roues motrices *fpl* four-wheel drive, 4WD
quatrième vitesse *f* fourth gear
queue de soupape *f* valve stem

R

se **rabattre** to cut in
raccord *m* union
raclette (de balai) *f* wiper blade
radiateur *m* radiator
radiateur transversal *m* cross-flow radiator
radiateur vertical *m* vertical-flow radiator
radiateur à ailettes *m* fin radiator
radiateur de chauffage *m* heater
radiateur en nid d'abeilles *m* cellular film-type radiator

radio-cassette *f* radio-cassette player
radio K7 *f* radio-cassette player
radio lecteur CD *m* radio/CD player
raidisseur *m* stiffener
ralenti *m* slow running, idle, idling
ralenti accéléré *m* fast idle
ralentir to slow down
ralentissement *m* slowing down
ralentisseur *m* ramp; [*électrique, hydraulique*] retarder
rallonge *f* extension bar, extension piece
rallye *m* rally
rampage *m* [*de boîte automatique*] creep
rampe hélicoïdale *f* [*de démarreur*] helix
rampe de distribution d'huile *f* oil distribution gallery
rangée de cylindres *f* cylinder bank
rappel latéral de clignotant *m* side repeat indicator
rapport *m* ratio; [*vitesse*] gear; ***changer de rapport*** to change gear
rapport air/carburant *m* air/fuel ratio
rapport avant *m* forward gear ratio
rapport couple-poids *m* torque-to-ton ratio
rapport course-alésage *m* stroke-bore ratio
rapport essence/air *m* petrol/air ratio
rapport inférieur *m* low (gear)
rapport intermédiaire *m* intermediate gear
rapport supérieur de boîte en prise directe *m* direct top gearbox ratio
rapport volumétrique *m* compression ratio
rapport de boîte *m* gearbox ratio
rapport de démultiplication *m* reduction ratio
rapport de démultiplication de la direction *m* steering ratio
rapport de transmission *m* gear ratio
rapport de vitesse *m* speed ratio
raté: avoir un raté (d'allumage) to backfire, to misfire
rayon *m* radius
rayon de braquage *m* turning circle
rayon de roulement *m* rolling radius
réaccoupler to recouple
réacteur thermique *m* thermal reactor
réaction à l'accélération *f* throttle response
réaction aux irrégularités *f* kickback
réaction du moteur *f* engine response
réagir to respond
réalésage *m* rebore
réaléser *m* to rebore
rebond de l'essieu *m* axle tramp
rebond des contacts *m* contact bounce
rebond des roues *m* wheel hop
rebondissement *m* bounce
rebord de coffre *m* boot lip
rebord du hayon *m* tailgate lip
recapoter to put up the hood
récepteur *m* [*de frein*] slave cylinder
récepteur-assécheur *m* [*d'air conditionné*] receiver-drier
récepteur d'embrayage *m* clutch slave cylinder

rechange *f* [*pièce*] spare (part)
recharger [*batterie*] to recharge
réchauffeur de collecteur *m* manifold heater
réchauffeur hérisson *m* hedgehog-type hot spot
recirculation de gaz d'échappement *f* exhaust gas recirculation
recombustion *f* [*des imbrûlés*] recombustion
reculer to reverse
recyclage des gaz d'échappement *m* exhaust gas recirculation
redresseur *m* rectifier
redresseur à diodes *m* diode rectifier
réducteur *m* reducer, reduction gears; [*of diameter*] downsize adapter
réflecteur *m* reflector
réflecteur parabolique *m* parabolic reflector
réfrigération *f* cooling
refroidi par air air-cooled
refroidi par eau water-cooled
refroidir to cool
refroidissement *m* cooling; ***à refroidissement par air*** air-cooled
refroidissement intermédiaire *m* intercooling
refroidissement d'air de suralimentation *m* charge-air cooler
refroidissement du moteur *m* engine cooling
refroidissement par air *m* air cooling
refroidissement par eau *m* water cooling
refroidisseur intermédiaire air/liquide *m* air-to-liquid intercooler
refroidisseur d'huile *m* oil cooler
régime *m* (engine) speed; ***à haut régime*** at high speed; ***à moyen régime*** at average speed
régime moteur *m* engine speed
régime de démarrage *m* cranking speed
régime de ralenti *m* idle speed
réglable adjustable
réglage *m* adjustment; [*dispositif*] adjuster
réglage automatique *m* automatic adjuster
réglage lombaire *m* lumbar adjustment
réglage programmable *m* [*des sièges*] memory setting
réglage d'appui lombaire *m* lumbar adjustment
réglage de distribution *m* valve timing
réglage de pression *m* pressure setting
réglage de recirculation d'air *m* recirculated air setting
réglage des phares *m* headlamp adjustment
réglage du carrossage *m* steering rake adjustment
réglage en hauteur *m* height adjustment
réglementation anti-pollution *f* anti-pollution regulations
réglementation de la vitesse *f* speeding laws
réglementation du stationnement *f* parking regulations
régler to adjust; [*mettre au point*] to tune; [*alignement des roues*] to track
réglette *f* [*boîte de vitesses*] control rod

régleur *m* adjuster
régleur de mâchoire *m* shoe adjuster
régulateur *m* regulator, governor
régulateur centrifuge *m* centrifugal governor
régulateur électromagnétique *m* electromagnetic regulator
régulateur hydraulique *m* hydraulic governor
régulateur mécanique *m* mechanical governor
régulateur mini-maxi *m* idling and maximum speed governor
régulateur toutes vitesses *m* all-speed governor
régulateur à dépression *m* vacuum governor
régulateur de montée en température *m* warm-up regulator
régulateur de pression *m* pressure regulator
régulateur de tension *m* voltage stabilizer, voltage regulator
régulateur de vitesse *m* speed governor
réhausseur *m* child booster cushion
relais *m* relay
relais de commande *m* control relay
réluctance *f* reluctance
remorquage *m* towing
remorque *f* trailer
remorque bâchée *f* curtainsider
remorquer to tow
rendement mécanique *m* mechanical efficiency
rendement thermique *m* thermal efficiency
rendement thermodynamique *m* thermodynamic efficiency
rendement volumétrique *m* volumetric efficiency
renfort *m* reinforcement
renfort (anti-impact) latéral *m* side-impact bar
renfort croisé *m* X-type bracing
renfort latéral *m* side-impact bar
renfort en X *m* cruciform bracing
reniflard *m* breather
reniflard du carter moteur *m* crankcase breather
réparation *f* repair
réparer to repair
répartiteur *m* proportioner
répartiteur de débit d'air *m* air flow control
répartition de couple variable *f* variable torque split
répartition du poids *f* weight distribution, load distribution
repère de calage *m* location plate, timing mark
répéteur de clignotant *m* repeater lamp
réponse à mi-régime *f* mid-range response
repose-pied *m* tread plate
reprise *f* pick-up
réseau autoroutier *m* motorway network
réseau diviseur de tension *m* voltage divider network
réserve d'air *f* air chest
réservoir *m* tank; [*de carburant*] (fuel) tank; [*de liquide de frein*] reservoir
réservoir à carburant *m* fuel tank
réservoir à dépression *m* vacuum tank, vacuum reservoir
réservoir à essence *m* petrol tank
réservoir d'expansion *m* expansion tank
réservoir de lave-glace *m*

windscreen washer reservoir; [*en plastique*] windscreen washer bottle
réservoir de liquide de frein *m* brake fluid reservoir
réservoir de servo-direction *m* power steering reservoir
réservoir en charge *m* header tank
résine époxyde *f* epoxy resin
résistance *f* resistance; [*composant*] resistor
résistance ballast *f* ballast resistor
résistance opposée par la pente *f* gradient resistance
résistance à l'usure *f* wear resistance
résistance au déplacement *f* total resistance, tractive resistance
résistance au roulement *f* rolling resistance
résistance de l'air *f* air resistance
résistance en fatigue *f* fatigue strength
résonateur *m* resonator
ressort *m* spring; ***à ressort*** spring-loaded
ressort auto-centreur *m* self-centring spring
ressort bilame *m* bimetallic spring
ressort compensateur *m* counter-balance spring
ressort hélicoïdal *m* helical spring, coil spring
ressort progressif *m* progressive spring, variable-rate spring
ressort à boudin *m* coil spring, helical spring
ressort à lames *m* laminated spring, leaf spring
ressort à lames progressif *m* multi-rate leaf spring
ressort à lames semi-elliptique *m* semi-elliptic leaf spring
ressort d'assistance *m* helper spring
ressort d'expansion *m* expansion spring, expander spring
ressort de maintien *m* follow-on spring
ressort de rappel *m* return spring
ressort de soupape *m* valve spring
ressort de suspension *m* suspension spring
ressort en U *m* hairpin spring
retard *m* lag
retard à l'allumage *m* ignition lag
retard à l'étincelle *m* spark delay
retard à la fermeture de l'admission *m* inlet valve closing lag
retard à la fermeture de l'échappement *m* exhaust valve closing lag
retarder l'allumage to retard the ignition
retour d'huile au carter *m* drain-back
retour de flamme *m* blowback
rétractable collapsible
rétractile collapsible
retrait de permis *m* driving ban, suspension from driving
rétro = rétroviseur *m*
rétrogradage *m* down-change, downshift, changing down
rétrograder to change down, to downshift
rétroviseur *m* rear view mirror; [*extérieur*] door mirror
rétroviseur extérieur *m* side mirror, door mirror
rétroviseur extérieur dégivrant *m* heated door mirror
rétroviseur extérieur électrique *m* electrically operated door mirror
rétroviseur intérieur *m* rear view

mirror
rétroviseur jour/nuit *m* anti-glare rear view mirror
rétroviseur à double miroir *m* split-view mirror
rétroviseur à position nuit dipping rear view mirror
réversibilité *f* [*de la direction*] kickback
revêtement *m* surface, overlay
revêtement butyle *m* butyl liner
revêtement électrolytique *m* electrolytic coating
revêtement de plafond *m* roof lining, headlining
réviser to service
révision *f* service
rhéostat *m* rheostat
richesse *f* richness
rideau *m* blind
rideau à enrouleur *m* roller blind
rideau de radiateur *m* radiator blind, radiator shutter
ridelle *f* side panel
rinçage *m* rinse
ripage des pneus *m* tyre scrub
river to rivet
rivet *m* rivet
riveter to rivet
riveter à froid to cold-rivet
robinet *m* tap
robinet de batterie *m* battery main switch
robinet de purge *m* drain tap
robinet de vidange *m* drain tap, water drain cock
robot *m* robot
robotique *f* robotics
rochet *m* ratchet
rodage *m* running in
rodée lapped-in
roder to run in
ronce de noyer *f* burr walnut
rond-point *m* roundabout
rondelle *f* washer
rondelle Belleville *f* Belleville spring washer
rondelle butée *f* thrust washer
rondelle de blocage *f* lock washer
ronflement *m* boom, rumble
ronfler: faire ronfler le moteur to rev the engine
ronronnement du moteur *m* engine drone
rotatif rotary
rotation *f* rotation
rotor *m* rotor
rotor de distributeur *m* rotor arm
rotule *f* ball joint
rotule d'accouplement *f* tie-rod yoke
rotule d'attelage *f* [*de caravane*] tow ball
rotule de direction *f* steering joint
roue *f* wheel, road wheel
roue fil *f* wire wheel
roue libre *f* free wheel
roue libre à rouleaux *f* [*de démarreur*] roller free wheel
roue motrice *f* driving wheel
roue à denture intérieure *f* annulus
roue à rayons *f* spoke wheel
roue de secours *f* spare wheel
roues arrière directrices *fpl* rear-wheel steering
roues avant directrices *fpl* front-wheel steering
rouille *f* rust
roulage *m* driving
roulement auto-centreur *m* self-aligning bearing
roulement à aiguilles *m* needle bearing
roulement à billes *m* ball bearing
roulement à rouleaux *m* roller

bearing
roulement de butée *m* thrust bearing
roulement à rouleaux coniques *m* taper roller bearing
rouler to roll
rouler en roue libre to coast
roulis *m* roll
route nationale *f* trunk road, A-road, highway *Am*
route principale *f* main road
route secondaire *f* B-road, minor road
route à deux voies *f* dual carriageway, divided highway *Am*
route à péage *f* toll road, turnpike *Am*
route à une seule voie *f* single-track road
route de contournement *f* by-pass
routier *m* [*conducteur*] lorry driver *Br*, truck driver *Am*
routière *f* touring car
rue à sens unique *f* one-way street
rue à stationnement interdit *f* clearway
rupteur *m* contact breaker

S

sabot *m* [*de fourrière*] (wheel) clamp
sac gonflable *m* airbag
salle d'exposition *f* showroom
salon automobile *m* motor show
sangle *f* webbing; [*de ceinture*] strap
sangle diagonale *f* diagonal shoulder strap
satellite *m* planet gear
satellite sur colonne de direction *m* steering column satellite
SAV (= Service Après-Vente) *m* after sales service
scanner *m* scanner
scooter *m* scooter
sculpture *f* [*de pneu*] tread
secousses à l'embrayage *fpl* clutch judder
secteur denté *m* gear quadrant, gear sector, quadrant
sécurité active *f* active safety
sécurité enfant *f* [*verrouillage*] child lock
sécurité routière *f* road safety
sécurité de marche arrière *f* reverse detent
segment *m* [*de piston*] piston ring; [*de frein*] shoe
segment primaire *m* primary shoe, leading shoe
segment racleur *m* oil control ring, (oil) scraper ring
segment secondaire *m* secondary

shoe, trailing shoe
segment d'étanchéité *m* gas ring, compression ring, piston ring
segment de feu *m* top piston-ring
segment de frein *m* brake shoe
segment de frein primaire *m* leading brake shoe, primary brake shoe
segment de frein secondaire *m* trailing brake shoe, secondary brake shoe
sélecteur *m* selector
sélecteur de vitesses *m* gear lever
sélection de vitesse *f* gear selection
sellerie *f* seating
sellerie cuir *f* leather seat trim
sellette *f* fifth wheel
semi-conducteur *m* semi-conductor
semi-remorque *m* articulated lorry
sens contraire à la conduite *m* opposite direction of travel
sens unique *m* one-way street
sens de rotation *m* direction of rotation
sens de la marche *m* direction of travel
sensation au volant *f* road feel
séparateur *m* separator
séquence de combustion *f* firing order
série: de série standard; ***production en série*** mass production
serrage du piston *m* piston seizure
serrure *f* lock
serrure blindée *f* shielded lock
serrure de capot *f* bonnet lock
sertissage *m* crimping
service *m* service
service après-vente *m* after sales care, after sales service
service d'urgence *m* emergency service
service de dépannage *m* recovery service
service de remorquage et de dépannage *m* breakdown and recovery service
services de secours routier *mpl* road rescue services
servo-assistance *f* servo-assistance, power-assistance
servo-commande *f* servo unit
servo-frein *m* servo-assisted brake, brake servo
servo-frein à dépression *m* vacuum servo
servo-frein à soufflet *m* bellows booster
servo-valve *f* servo-valve
servo à air comprimé *m* compressed-air servo
servo à commande directe *m* direct-acting servo
servo à double action *m* double-acting servo
servo à simple action *m* single-acting servo
seuil d'émissions *m* [*des gaz d'échappement*] emissions limit
shampo(o)ing *m* shampoo
siège *m* seat
siège arrière *m* back seat
siège arrière repliable en deux parties *m* split/fold rear seat
siège auto bébé *m* baby seat
siège baquet *m* bucket seat
siège basculant *m* tilting seat
siège chauffant *m* heated seat
siège-club *m* armchair seat
siège conique *m* [*injection*] conical seat
siège enfant *m* child seat; baby seat
siège inclinable *m* reclining seat
siège pivotant *m* swivel seat

siège réglable en hauteur *m* height-adjustable seat
siège rehausseur *m* [*pour enfant*] child booster seat
siège sport *m* sports seat
siège à positions mémorisables *m* memory seat
siège à réglage lombaire *m* lumbar adjustable seat
siège de rehaussement *m* [*pour enfant*] child booster seat
siège de soupape *m* valve seat
siège du pointeau *m* needle seating
signal *m* signal
signal lumineux *m* beacon
signal routier *m* traffic sign
signal de danger *m* warning sign
signal de direction *m* route sign
signal de priorité *m* give way sign, yield sign *Am*
signaler to signal
signalisation *f* signalling
signe de la main *m* hand signal
silencieux *m* silencer, muffler *Am*
silencieux à absorption *m* absorption silencer
silencieux à réflexion *m* capacity silencer
silencieux de type composite *m* composite-type silencer
silent-bloc *m* rubber mounting
simulation de conduite en ville *f* simulated urban driving
sinistre *m* [*réclamation*] damage
siphonnage *m* siphoning
six places *f* six-seater
société d'autoroutes *f* private company which maintains motorways
sol *m* floor
solénoïde *m* solenoid
sollicité stressed
solution alcaline *f* alkali solution
solvant *m* solvent
sommet *m* [*de pneu*] crown
sonde Lambda *f* Lambda sond, Lambda sensor
sortie *f* outlet; [*de route*] exit
sortie triphasée *f* three-phase output
sortie d'air *f* air outlet
sortie d'autoroute *f* motorway exit
sortie de liquide de refroidissement *f* coolant outlet
sortie de pompe *f* pump delivery outlet
soubassement *m* under-structure, underbody frame
souder to weld; [*sur circuit électrique, etc.*] to solder
souder par point to spot-weld
soudure *f* welding
soudure par point *f* spot weld
soufflante *f* blower
soufflet *m* gaiter
soulever [*à l'aide d'un cric*] to jack up
soupape *f* valve
soupape culbutée *f* rocker operated valve train
soupape cylindrique *f* cylindrical valve
soupape piquée *f* pitted valve
soupape plate *f* plate valve
soupape rotative *f* rotary valve
soupape Schrader *f* Schrader valve
soupape à inertie *f* inertia valve
soupape d'admission *f* inlet valve, intake valve
soupape d'alimentation *f* inlet valve
soupape d'échappement *f* outlet valve, exhaust valve
soupape d'injecteur de départ à froid *f* cold start injector valve

soupape en champignon *f* poppet valve
soupape en tête *f* overhead valve
soupape en tête inclinée *f* inclined overhead valve
soupape en tête verticale *f* vertical overhead valve
soupapes en ligne *fpl* in-line valves
souple [*moteur*] smooth
source d'énergie *f* energy source
sous-châssis *m* sub-frame
sous-correction *f* under-correction
sous-gonflage *m* under-inflation
sous-virage *m* understeer
sous-virer to understeer
sous-vireur: une voiture sous-vireuse a car that understeers
soute *f* load box, load compartment
soutien lombaire *m* lumbar support
sphère de suspension hydropneumatique *f* gas-filled sphere
spirale *f* scroll
spire *f* [*enroulement*] turn
spoiler *m* spoiler
sport automobile *m* motor sport
sportive *f* sports car
stabilisateur transversal *m* transverse stabilizer
stabilité *f* stability
stabilité directionnelle *f* directional stability
stabilité en courbe *f* cornering stability
starter *m* choke
starter automatique *m* automatic choke
starter manuel *m* manual choke
starter rotatif *m* rotary choke
station diagnostic *f* diagnostics bay
station service *f* filling station
station d'essence *f* petrol station, gas station *Am*
stationné parked
stationnement *m* parking; ***stationnement interdit*** no parking; ***véhicule en stationnement*** parked vehicle
stationner to park
stator *m* stator
strapontin *m* occasional seat
stroboscope *m* stroboscope
structure transversale *f* cross frame
style de carrosserie *m* body style
styliste *m* designer
substance catalytique *f* catalyst agent
suie *f* soot
super *m* four-star, premium *Am*
super plombé *m* four-star leaded, premium leaded *Am*
super sans plomb *m* four-star unleaded, premium unleaded *Am*
superstructure *f* superstructure
support central du radiateur *m* radiator core support
support moteur *m* engine mounting
support d'essieu *m* axle stand
support de montage *m* mounting bracket
support de pare-chocs *m* bumper support
support de tasse *m* cup holder
suralimentation *f* supercharging
suralimentation par onde de pression *f* pressure-wave supercharging
suralimentation par turbocompresseur *f* turbocharging
suralimenté [*moteur*]

supercharged
suralimenté refroidi charge-cooled
suralimenter to supercharge
surchauffe *f* overheating
surchauffer to overheat
sur-correction *f* over-correction
sûreté: à sûreté intégrée fail-safe
surface utile au plancher *f* useable load surface
surface vitrée *f* areas of glass
surface de contact au sol *f* [*de pneu*] contact patch
surface de friction *f* friction surface, friction facing
surgonflage *m* over-inflation
surmultipliée à blocage de planétaire *f* laycock overdrive
surpression *f* overpressure
surprime *f* additional premium
sur-régime *m* overspeeding
survirage *m* oversteer
survirer to oversteer
survireur: une voiture survireuse a car that oversteers
suspendu [*freins*] inboard
suspension *f* suspension
suspension active *f* active suspension
suspension arrière *f* rear suspension
suspension arrière multibras *f* multi-link rear suspension
suspension arrière à roues indépendantes *f* independent rear suspension
suspension avant *f* front suspension
suspension avant à double biellette *f* twin trailing link front suspension
suspension avant à roues indépendantes *f* independent front suspension
suspension compound *f* hydrolastic suspension
suspension contrôlée par ordinateur *f* computer-controlled suspension
suspension électro-hydraulique *f* electro-hydraulic suspension
suspension hydragas *f* hydragas suspension
suspension hydraulique *f* hydraulic suspension
suspension hydro-élastique *f* hydrolastic suspension
suspension hydropneumatique *f* hydropneumatic suspension
suspension MacPherson *f* MacPherson suspension
suspension pneumatique *f* air suspension
suspension semi-active *f* semi-active suspension
suspension triangulée *f* wishbone suspension
suspension à correction d'assiette *f* self-levelling suspension
suspension à doubles triangles *f* double wishbone suspension
suspension à gaz *f* gas-sphere suspension
suspension à gestion électronique *f* computer-controlled suspension
suspension à roues indépendantes *f* independent suspension
suspension De Dion *f* De Dion suspension
suspension de permis de conduire *f* suspension from driving
suspension en caoutchouc *f* rubber suspension
synchro *m* synchromesh
synchronisateur *m* synchromesh
synchronisateur à bague *m* baulk-

ring synchromesh, blocker ring
synchronisateur à charge constante *m* constant-load synchromesh unit
synchronisation *f* synchronization
synchronisé synchromesh
synchroniseur *m* synchromesh
synchros à double cône *mpl* double-cone synchros
syndrome cervical traumatique *m* whiplash
synthétiseur de paroles *m* voice synthesizer
système ABS *m* ABS system
système audio *m* sound system, audio system
système automatique d'avance à l'injection *m* automatic injection advance unit
système élastique classique *m* classic springing system
système électronique *m* electronic system
système radio de transmission de données *m* radio data system
système robotique *m* robotic system
système stéréo *m* stereo system
système à admission variable *m* variable induction system
système à commande hydraulique *m* hydraulic actuating system
système à compression d'air partielle *m* part-compressed-air system
système à pointeau de dosage *m* metering rod arrangement
système à poutre oscillante *m* swinging beam system
système d'admission *m* induction system
système d'alimentation (en combustible) *m* (fuel) injection system
système d'avance centrifuge *m* centrifugal advance system
système d'échappement *m* exhaust system
système d'échappement à faible contre-pression *m* low back pressure exhaust system
système d'injection *m* injection system
système de blocage de différentiel *m* differential locking device
système de bras transversaux *m* transverse link system
système de carburation *m* carburation system
système de climatisation *m* environmental control system
système de contrôle *m* monitoring system
système de contrôle de traction *m* traction control system
système de contrôle de la température de prise d'air *m* air intake temperature control system
système de contrôle des émissions de vapeur *m* evaporative emission control system
système de correction d'assiette *m* suspension levelling system
système de direction *m* steering system
système de freinage ABS *m* anti-lock braking system
système de guidage *m* guidance system
système de post-combustion *m* after-burner system
système de recirculation de l'air *m* air recirculation system
système de recirculation des gaz

en carter fermé *m* closed crankcase ventilation system
système de régulation de cliquetis *m* knock limiter system
système de régulation de richesse Lambda *m* Lambda closed-loop system
système de retenue du corps *m* bodylock restraint system
système de suivi électronique *m* electronic tracking system
système de suspension *m* suspension system
système de suspension triangulée transversale *m* wishbone transverse link system
système de transmission *m* transmission system
système de ventilation *m* ventilation system
système de ventilation-chauffage *m* heating and ventilation system, air blend heater
système de ventilation de carter étanche *m* closed crankcase ventilation system
système sans distributeur *m* distributorless system

T

tableau de bord *m* dashboard, instrument panel, fa(s)cia
tableau de contrôle centralisé *m* check-control warning panel
tablette arrière *f* rear parcel shelf, back shelf
tablier *m* apron, valance
tablier de pare-chocs *m* bumper apron
tachygraphe *m* tachograph
tachymètre *m* tachometer, speedometer
taille basse *f* low profile
taille des pneumatiques *f* tyre size
talonner to bottom
tambour *m* drum
tamis *m* screen
tampon de vapeur *m* vapour locking
tangage *m* pitch
tanguer to pitch
tapis *m* carpet, floor mat
tapis anti-dérapant *m* anti-slip mat
tarage *m* calibration
taux de compression *m* compression ratio
taxe routière *f* road tax
technicien *m* technician
télécommande *f* remote control
télécommande à infrarouge *f* infra-red remote control
téléphone de voiture *m* carphone
télescopage *m* telescoping

témoin *m* [*voyant*] warning light
témoin indicateur d'usure *m* tyre tread depth gauge
témoin d'alerte de pression d'huile moteur *m* oil pressure warning light
témoin d'alerte de température d'eau *m* water temperature warning light
témoin d'allumage *m* ignition light
témoin d'usure de plaquettes de frein *m* brake pad wear warning light
témoin de baisse du niveau d'essence *m* petrol low warning light
témoin de charge batterie *m* battery charge warning light
témoin de contrôle de la batterie *m* battery charge warning light
témoin de frein parking *m* handbrake-on light
témoin de niveau d'huile moteur *m* oil level warning light
témoin de niveau de liquide de freins *m* low brake fluid warning light
témoin de niveau de liquide de refroidissement *m* low coolant level warning light
témoin de pression d'huile moteur *m* engine oil pressure warning light
température ambiante *f* ambient temperature
température de l'habitacle *f* cabin temperature
temps *m* [*moteur*] stroke
temps compression *m* compression stroke
temps détente *m* power stroke
temps explosion *m* power stroke
temps moteur *m* engine stroke, power stroke, working stroke
temps d'immobilité du piston *m* piston dwell
temps de réaction *m* thinking distance
temps de recharge *m* recharge time
tendeur à lame-ressort *m* spring blade tensioner
tendeur de ceinture *m* bodylock seatbelt tensioner
tendeur de chaîne *m* chain tensioner
tendeur de courroie *m* belt tensioner
tendeur de sangle *m* belt tensioner
tenon *m* lug
tension *f* tensile stress; [*électrique*] voltage
tension nominale *f* nominal voltage
tension de claquage *f* [*ionisation*] breakdown voltage
tension de vapeur saturante *f* saturated vapour pressure
tenue à l'oxydation *f* resistance to oxidation
tenue de cap *f* directional stability
tenue de route *f* roadholding
terre-plein central *m* central reservation, median strip *Am*
test de choc *m* impact test
test de choc arrière *m* rear impact test
test de choc frontal *m* frontal impact test
test de pression *m* pressure test
test de roulage *m* road testing; ***un test de roulage*** a road test
test de tonneaux *m* roll-over test
test des émissions de moteurs diesel *m* diesel emissions test

tests de diagnostic *mpl* diagnostic testing
tête *f* [*de piston*] crown
tête-à-queue *m* spin
tête d'allumeur *f* distributor cap
tête de bielle *f* big end
tête de bielle monobloc *f* solid-eye big end
tête de distribution *f* distributor cap
tête de piston *f* piston head, piston crown
tête de soupape *f* valve head
téton de positionnement *m* spigot, dowel
téton de purge *m* bleed nipple
thermistance *f* thermistor
thermistance de température ambiante *f* ambient temperature thermistor
thermistance de température du liquide de refroidissement *f* engine coolant temperature thermistor
thermocontact *m* thermal switch, temperature switch, thermostatic switch
thermosiphon *m* thermo-syphon
thermostat *m* thermostat
thermostat de type soufflet *m* bellows-type thermostat
thyristor *m* thyristor
thyristor triode bloqué en sens inverse *m* reverse blocking triode thyristor
tiers *m* [*assurance*] third party
tige *f* stalk
tige libre *f* jiggle-pin
tige poussoir *f* pushrod
tige de commande de ralenti accéléré *f* fast-idle control rod
tige de crémaillère *f* rack link; [*direction*] control rod
tige de culbuteur *f* pushrod
tige (de maintien) de capot *f* bonnet strut
tige de poussée *f* thrust pin, pushrod
tige de renfort *f* bracing rod
timon *m* trailing arm
timonerie *f* steering linkage
tirette *f* handle
tr/mn (= TouRs par MiNute) rpm, rev/min
toboggan *m* flyover, overpass
toile d'émeri *f* emery cloth
toit *m* roof
toit ouvrant *m* sunroof
toit ouvrant coulissant *m* sliding sunroof
toit ouvrant dépliant *m* pop-up sunroof
toit ouvrant entrebâillant *m* tilting sunroof
toit ouvrant entrebâillant et coulissant *m* tilt and slide sunroof
toit rigide *m* rigid roof
toit à arceau en T *m* T-bar roof
tôle *f* sheet metal
tôle (d')aluminium *f* aluminium sheet
tôle de protection inférieure *f* underbody shield
tolérance *f* tolerance
tomber en panne to break down
tonneau *m* roll-over, overturn
torsion *f* torsional oscillation, twisting
totalisateur kilométrique journalier *m* trip recorder
toucheau *m* [*de rupteur*] heel
tourbillon *m* rotary swirl, swirl, barrel swirl
tourillon *m* [*de vilebrequin*] journal

Touring Club de France *m* French Motoring Organization, ≈ AA, RAC, AAA *Am*
tourner to turn, to rotate; [*moteur*] to run
tourner au ralenti to idle, to slow-run, to tick over, to turn over
tournevis cruciforme *m* cross blade screwdriver
tournevis plat *m* flat blade screwdriver
tournevis à choc *m* impact screwdriver
tournevis à embout *m* bit screwdriver
tournevis à lame plate *m* flat blade screwdriver
tournevis d'électricien *m* electrician's screwdriver
tours/minute *mpl* revolutions per minute
tours de volant *mpl* steering wheel turns; [*de butée à butée*] turns lock to lock
tours par minute *mpl* revolutions per minute
tout-terrain *m* off-roader
tout-terrain all-terrain, off-highway, off-road
tracteur routier *m* tractor
traction *f* traction, pull
traction arrière *f* rear drive
traction avant *f* front-wheel drive, front drive
trafic *m* traffic
train épicycloïdal *m* epicyclic gear unit
train routier *m* road train
train d'engrenages *m* compound gearing
train d'engrenages épicycloïdaux *m* epicyclic gear train
train d'engrenages de l'arbre intermédiaire *m* layshaft gear cluster
train de pignons *m* gear train
train de soupapes *m* valve train
traînée *f* drag
traitement antirouille *m* anti-rust treatment
trajet *m* route, journey
transducteur *m* transducer
transfert de dépression *m* depression transfer
transformateur *m* transformer
transformateur de tension *m* voltage transformer
transistor *m* transistor
transistorisé [*allumage*] transistorized
transmission *f* transmission
transmission automatique *f* automatic transmission
transmission directe *f* direct drive
transmission finale *f* final drive
transmission hydraulique *f* fluid drive
transmission manuelle *f* manual transmission
transmission semi-automatique *f* semi-automatic transmission
transmission à variation continue *f* continuously variable transmission
transmission de type visqueux *f* viscous transmission
transmission de l'entraînement *f* drive transmission
transmission du mouvement *f* power flow
transmission par courroie *f* belt drive
transport *m* transport, transportation *Am*
transports en commun *mpl* public transport

transports routiers *mpl* road transport
transversal transverse, transversal
transversalement transversely
trappe à essence *f* petrol tank flap
trappe de visite *f* inspection cover
traverse *f* cross beam, cross-member, cross frame
traverse de suspension avant *f* front suspension cross-member
traverse en U *f* U-channel tie bar
tremper par induction to induction harden
triangle de présignalisation *m* warning triangle
tri-crésyl phosphate *m* tri-cresyl phosphate, TCP
tringlerie *f* linkage
tringlerie de commande *f* control linkage
triphasé three-phase
troisième (vitesse) *f* third (gear)
trop-plein *m* overflow
trou axial *m* axial hole
trou d'alimentation *m* supply port
trou d'évacuation *m* drain hole
trou de coulée *m* [*de bloc moteur*] core hole
trou de graissage *m* oil hole
trou de l'axe de piston *m* gudgeon pin hole
trousse à outils *f* tool kit
trousse de premiers soins *f* first-aid kit
tube diffuseur *m* diffuser tube
tube répartiteur d'eau *m* water tube
tube à orifice *m* orifice tube
tube d'échappement *m* exhaust pipe
tube d'émulsion *m* [*sur carburateur*] emulsion tube
tube d'entrée *m* intake tube
tube d'essieu *m* axle tube
tube de Bourdon *m* Bourdon tube
tube de contournement du papillon *m* throttle by-pass duct
tube de distribution d'eau *m* water distribution tube
tube de pont *m* axle tube
tube de remplissage *m* filler tube
tube en U *m* U-tube
tubeless tubeless
tubulaire tubular
tubulure d'admission *f* inlet pipe
tubulure d'échappement *f* exhaust pipe
tubulure de refoulement *f* delivery pipe
tungstène-halogène *m* tungsten-halogen
tunnel *m* tunnel
turbine *f* turbine; [*de pompe à eau*] impeller; ***à turbine*** turbine-powered
turbine centrifuge *f* centrifugal blower
turbine moteur *f* power turbine
turbine à gaz *f* gas turbine
turbine d'entrée *f* input turbine
turbine de sortie *f* output turbine
turbine de type libre *f* free turbine
turbine de ventilation *f* blower
turbo *m* turbo, turbocharger
turbocompressé turbocharged
turbocompresseur *m* turbocharger
turbodiesel turbo diesel
turbulence *f* turbulence
turbulence d'admission *f* induction turbulence
turbulence de compression *f* compression turbulence
tuyau d'échappement *m* exhaust pipe, tailpipe
tuyau d'essence *m* petrol pipe
tuyau de mise à l'air libre *m* vent

pipe
tuyau de pression *m* pressure hose
tuyau de reniflard *m* breather pipe
tuyau de trop-plein *m* overflow pipe
tuyauterie d'équilibrage *f* balance pipe
tuyauterie de carburant *f* fuel line
tuyauterie de chauffage *f* heater piping
tuyauterie de frein *f* brake pipe, brake line
tuyauterie de sortie de carburant *f* fuel outlet pipe

U

unidirectionnel unidirectional
unité centrale *f* central processing unit
usinage *m* machining
usine de montage *f* assembly plant
usine de production *f* production plant
usiner to machine
usure *f* wear
usure corrosive *f* corrosive wear
usure des contacts *f* contact erosion
usure des pneus *f* tyre wear
utilitaire *m* commercial vehicle

V

valve anti-émulsion *f* antipercolating valve
valve modulatrice *f* modulator valve
valve papillon *f* butterfly valve
valve à dépression *f* vacuum valve
valve à double piston *f* dual spool valve
valve à inertie *f* inertia valve
valve d'arrêt *f* check valve

valve d'arrêt à clapet anti-retour *f* one-way check-valve
valve d'avance à dépression *f* vacuum advance control valve
valve de changement de rapport *f* change valve
valve de changement de vitesse *f* shift valve
valve de commande sensible à la pression *f* pressure-sensitive control valve
valve de compensation *f* compensating valve
valve de contrôle de la pression de freinage *f* brake pressure control valve
valve de coupure de carburant *f* fuel cut-off valve
valve de démarrage *f* start valve
valve de dépression *f* vacuum valve
valve de dosage de carburant *f* fuel metering valve
valve de gonflage *f* tyre valve
valve de limitation de la suralimentation *f* boost limiting valve
valve de purge *f* bleed valve
valve de régulation *f* waste gate
valve de répartition de freinage *f* load-apportioning valve
valve de répartition de freinage sensible à la charge *f* load-sensitive brake proportioning valve
van à chevaux *m* horse-box
vanne manuelle *f* manual valve
vanne à commande manuelle *f* manual control valve
vapeur *f* steam
vapeur d'eau *f* water vapour
vapeur d'essence *f* petrol vapour
vaporisation (du carburant) *f* (fuel) atomization
vaporiser to vaporize
vase d'expansion *m* expansion tank
véhicule *m* vehicle
véhicule articulé *m* articulated vehicle, artic
véhicule électrique *m* electric vehicle
véhicule hybride *m* hybrid vehicle
véhicule long *m* long vehicle
véhicule multifonction *m* multi-purpose vehicle
véhicule spécial pour handicapés *m* invalid carriage
véhicule utilitaire *m* commercial vehicle, goods vehicle
véhicule à chenilles *m* tracklaying vehicle, tracked vehicle
véhicule à moteur *m* motor vehicle
véhicule à usages multiples *m* multi-purpose vehicle
véhicule de remplacement *m* courtesy car
véhicule de secours *m* rescue vehicle
véhicule de service *m* company car (for general use of company staff)
véhicule de transport de marchandises *m* heavy goods vehicle, HGV
véhicule de transport en commun *m* public transport vehicle
veilleuses-codes *fpl* dim-dip
vélocité *f* velocity
vélomoteur *m* moped
vent latéral *m* side wind
ventilateur *m* fan, ventilator; [*de circulation forcée*] booster; [*soufflante*] blower
ventilateur centrifuge *m* centrifugal fan

ventilateur électrique *m* electric fan
ventilateur radial *m* radial-flow fan
ventilateur à flux axial *m* axial-flow fan
ventilation positive du carter *f* positive crankcase ventilation
ventilation de carter étanche *f* closed crankcase ventilation
verglas *m* black ice
vérin *m* jack
vérin hydraulique *m* hydraulic jack
vérin pneumatique *m* pneumatic jack
vérin à cliquet *m* ratchet jack
vérin à gaz *m* gas strut
verni varnished
vernier *m* vernier gauge
verre de sécurité feuilleté *m* laminated safety glass
verre de sécurité trempé *m* tempered safety glass
verre de silice *m* silica glass
verrouillage central *m* central locking
verrouillage centralisé à télécommande *m* remote central locking
verrouillage centralisé des portes *m* central door locking
verrouillage hydraulique *m* hydraulic interlock
verrouillage sécurité enfant *m* child-proof lock
verrouillage à distance *m* remote control locking
verrouillage des portes *m* door locking
verrouillage du démarreur *m* starter interlock
verrouillage du volant *m* steering lock
verrouillage par inertie *m* inertia lock
version bâchée *f* soft-top
version cinq portes *f* five-door model
version trois portes *f* three-door model
verticale *f* plumb-line
vibration *f* vibration, judder; [*latérale des roues*] whip
vibration axiale *f* fore-and-aft vibration
vibrations parasites *fpl* extraneous vibrations
vibrations de torsion *fpl* torsional vibrations
vibrer to vibrate; [*roue*] to whip
vidange d'huile *f* oil change
vidanger to drain
vide: à vide discharged
vide-poche *m* storage tray; [*dans porte*] door pocket, map pocket
vignette fiscale *f* tax disc
vignette d'assurance *f* insurance disc
vilebrequin *m* crankshaft
vilebrequin en plusieurs parties *m* built-up construction crankshaft
virage *m* bend, turn; ***comportement dans les virages*** cornering
vis *f* screw
vis étranglée *f* [*de direction*] hour-glass worm
vis globique *f* Hindley worm
vis hexagonale *f* hexagon screw
vis à pointe ronde *f* ball-ended screw
vis d'arrêt *f* stop screw
vis de blocage *f* stop screw
vis de butée d'accélération *f* throttle stop screw

vis de mise à l'air libre *f* venting screw
vis de purge *f* bleeder screw, bleed screw
vis de ralenti *f* idle screw
vis de réglage *f* adjuster screw, adjusting screw
vis de réglage inviolable *f* tamper-proof adjusting screw
vis de réglage de ralenti *f* idle speed adjusting screw
vis de réglage de la butée d'accélération *f* throttle stop adjusting screw
vis de réglage du papillon *f* throttle stop adjusting screw
vis de richesse *f* mixture adjusting screw
vis de tachymètre *f* speedometer drive
vis sans fin *f* worm
visco-coupleur *m* viscous coupling
visco-différentiel *m* visco-differential
viscosité *f* viscosity
viscosité cinématique *f* kinematic viscosity
viscosité dynamique *f* dynamic viscosity
visibilité *f* visibility
visibilité arrière *f* rear visibility
visibilité panoramique *f* all-round visibility
visibilité de trois-quart *f* three-quarter vision
visière *f* visor
visite *f* inspection
visqueux viscous
vissé screwed
vitesse *f* speed; [*rapport*] gear
vitesse angulaire constante *f* constant angular velocity
vitesse avant *f* forward gear
vitesse inférieure *f* bottom gear, bottom
vitesse maxi(male) *f* maximum speed
vitesse supérieure *f* top gear, top
vitesse de contact *f* rubbing speed
vitesse de croisière *f* cruising speed
vitesse de piston *f* piston speed
vitesse de pointe *f* top speed
vitesse de l'air *f* air speed
vitesses *fpl* [*rapports de boîte*] gears
vitesses synchronisées *fpl* synchromesh gears
vitre *f* window
vitre électrique *f* electric window
vitre latérale *f* side window
vitre teintée *f* tinted window
vitre à commande électrique *f* electrically controlled window
vitre de sécurité chauffante *f* heated safety glass
vitre en VSF *f* laminated glass window
voie *f* [*d'autoroute*] lane
voie express urbaine *f* urban expressway
voie rapide urbaine *f* urban expressway
voie d'accélération *f* acceleration lane, spur
voie de décélération *f* deceleration lane, exit lane
voie de dégagement *f* filter lane
voie de droite *f* right-hand lane
voie de gauche *f* left-hand lane
voie pour véhicules lents *f* crawler lane
voile *m* [*flanc de roue*] spider
voile latéral *m* lateral runout, radial runout
se **voiler** to buckle

voiture *f* car
voiture-école *f* driving school car
voiture familiale *f* family car
voiture sportive *f* sports car
voiture à combustible mixte *f* dual-fuel car
voiture à double commande *f* dual-controlled car
voiture (à) haute performance *f* high-performance car
voiture d'occasion *f* used car, second-hand car
voiture de compétition *f* competition car
voiture de course *f* racing car
voiture de démonstration *f* demo model, demonstrator
voiture de fonction *f* company car
voiture de luxe *f* luxury car
voiture de série *m* production car
voiture de société *f* company car
voiture de sport *f* sports car
voiture de tourisme *f* touring car
vol de voiture *m* car theft
volant *m* steering wheel
volant inclinable *m* tilt steering wheel
volant moteur *m* flywheel
volant réglable *m* adjustable steering wheel
volant réglable en hauteur *m* height adjustable steering wheel
volant réglable en inclinaison *m* tilt steering wheel
volant sport *m* sports steering wheel
volant télescopique *m* telescoping wheel
volant trois branches *m* three-spoke steering wheel
volet primaire *m* primary throttle
volet secondaire *m* secondary throttle
volet de starter *m* strangler choke plate, strangler valve
vols de véhicules *mpl* auto-theft
volt *m* volt
voltmètre *m* voltmeter
volume balayé *m* swept volume
volume total *m* total volume
volume de chargement *m* cargo volume
volume de coffre *m* boot capacity, boot volume
volume du réservoir *m* fuel tank capacity
volute *f* [*de turbine*] volute
voyant *m* warning light
voyant lumineux *m* warning light
voyant de charge *m* battery charge warning light
voyant de contact et de charge *m* ignition and generator warning light
voyant de fonctionnement *m* activation light
voyant de frein à main *m* "handbrake on" light
voyant de marche *m* activation light
voyant du mode 4x4 *m* 4-wheel drive indicator light
vrillage *m* [*de la transmission*] wind-up
vue panoramique *f* all-round view
vulcaniser to vulcanize

WYZ

watt *m* watt
yeux de chat *mpl* cat's eyes
zéro: à zéro zeroed; ***remettre à zéro*** to zero
zingué zinc-coated
zone *f* zone
zone rouge *f* [*de compte-tours*] red zone
zone d'absorption de l'énergie de choc *f* crash energy absorbing zone
zone d'écrasement *f* crush zone
zone de choc *f* impact zone
zone de déformation *f* crumple zone
zone de stationnement *f* parking zone
zone de stationnement contrôlé *f* controlled parking zone
zone de stationnement réglementé *f* controlled parking zone
zone de vision *f* zone of vision

A

AA = Automobile Association
AAA = American Automobile Association
ABS (= Anti-lock Braking System) ABS *m*
ABS system système ABS *m*
AC (= Alternating Current) ca
AC = Air Conditioning
AC motor moteur à courant alternatif *m*
to **accelerate** accélérer
acceleration accélération *f*
acceleration lane voie d'accélération *f*
accelerator accélérateur *m*
accelerator heel point point talon *m*
accelerator pedal pédale d'accélérateur *f*
accelerator pump pompe d'accélération *f*, pompe de reprise *f*
accessory accessoire *m*
accident accident *m*
accident blackspot point noir *m*
accident insurance assurance accident *f*
accident particulars form déclaration d'accident *f*
accumulator [*battery*] accumulateur *m*; [*damper*] amortisseur *m*
acid acide *m*
acid pollutant polluant acide *m*
Ackermann steering direction Ackermann *f*
Acme thread filetage Acmé *m*
active safety sécurité active *f*
active suspension suspension active *f*
actuator actionneur *m*
adaptive engine controls commandes adaptatives moteur *fpl*
additional premium surprime *f*
additive additif *m*
adhesion [*of wheels*] adhérence *f*
adhesive force [*of brakes*] force d'adhérence *f*
to **adjust** régler
adjustable [*seats etc*] réglable; [*interior space*] modulable
adjustable spanner clé à molette *f*
adjustable stop butée réglable *f*
adjuster [*on brake*] régleur *m*
adjuster nut écrou de réglage *m*
adjuster screw vis de réglage *f*
adjustment réglage *m*
advance avance *f*
to **advance the ignition** donner de l'avance à l'allumage
aerated fluid fluide aéré *m*
aerial antenne *f*
aerodynamic aérodynamique
aerodynamic drag résistance de l'air *f*
aerodynamic noise bruit aérodynamique *m*

aerodynamics [*science*] aérodynamique *f*; [*quality*] aérodynamisme *m*
aerofoil aileron aérofoil *m*
afterburner system [*AI system*] système de post-combustion *m*
after sales service service après-vente *m*, SAV *m*
Ah (= Ampere Hours) A.h.
AHP = Accelerator Heel Point
AI = Air Injection
air air *m*
airbag coussin d'air *m*, sac gonflable *m*
air bleed prise d'air *f*, entrée d'air *f*
air bleed jet calibreur d'air *m*
air brake frein pneumatique *m*
air chamber chambre d'air *f*
air chest réserve d'air *f*
air circulation circulation d'air *f*
air cleaner filtre à air *m*
air conditioning climatisation *f*, air conditionné *m*
air conditioning blower compresseur d'air conditionné *m*
air-cooled à refroidissement par air, refroidi par air
air-cooled engine moteur à refroidissement par air *m*
air cooling refroidissement par air *m*
air correction jet calibreur d'air *m*
air dam jupe *f*
air filter filtre à air *m*
air filter bowl cuve de filtre à air *f*
airflow aération *f*, débit d'air *m*
airflow controller répartiteur de débit d'air *m*
airflow meter débitmètre d'air *m*
airflow sensor débitmètre d'air *m*
air/fuel mixture mélange air/carburant *m*
air/fuel ratio rapport air/carburant *m*
air horn [*air supply tube*] buse *f*
air/hydraulic system circuit oléopneumatique *m*
air injection injection d'air *f*
air intake prise d'air *f*
air intake temperature control system système de contrôle de la température de prise d'air *m*
air-lock bulle d'air *f*
air outlet sortie d'air *f*
air pump pompe à air *f*
air recirculation system système de recirculation d'air *m*
air scoop prise d'air *f*
air-separating chamber chambre de séparation d'air *f*
air suspension suspension pneumatique *f*
air-to-air exchanger échangeur air/air *m*
air to liquid intercooler refroidisseur intermédiaire air/liquide *m*
air valve clapet d'air *m*
air vent aérateur *m*, buse de ventilation *f*, diffuseur *m*; [*on bonnet*] grille d'entrée d'air *f*
alarm alarme *f*
alcohol alcool *m*
alkali solution solution alcaline *f*
allen key clé allen *f*
alloy alliage *m*
alloy wheel jante (en) alliage *f*
all-risks insurance assurance tous risques *f*
all-round visibility visibilité panoramique *f*
all-speed governor régulateur toutes vitesses *m*
all-terrain tout-terrain
all-terrain tyre pneu tout-terrain *m*
all-weather tyre pneu tout-

temps *m*
all-wheel drive quatre roues motrices *fpl*
alternating current courant alternatif *m*
alternating-current generator générateur de courant alternatif *m*
alternator alternateur *m*
aluminium aluminium *m*
aluminium alloy alliage d'aluminium *m*
aluminium alloy wheel roue en alliage d'aluminium *f*
aluminium head culasse en aluminium *f*
aluminium oxide alumine *f*
aluminium rim jante en aluminium *f*, jante alu *f*
aluminium sheet tôle (d')aluminium *f*
aluminized aluminé
ambient temperature température ambiante *f*
ambulance ambulance *f*
American Automobile Association ≈ Touring Club de France *m*
American Petroleum Institute institut américain du pétrôle *m*
ammeter ampèremètre *m*
ammonia gas gaz ammoniac *m*
ampere ampère *m*
ampere-hour ampère-heure *m*
amplifier amplificateur *m*
anchor ancrage *m*
anchorage ancrage *m*
anchorage point [*of seatbelt*] point d'ancrage *m*
angle angle *m*; [*of seatback*] inclinaison *f*
angle bracket équerre *f*
angle of advance angle d'avance *m*
angular contact ball bearing roulement à billes à contact angulaire *m*
angularity [*of CV joint*] angle *m*
annulus couronne *f*, roue à denture intérieure *f*
anti-burst lock serrure renforcée *f*
anti-chipping compound composé anti-écaillage *m*
anti-corrosion guarantee garantie anti-corrosion *f*
anti-corrosion primer apprêt anti-corrosion *m*
anti-corrosion wax cire anti-corrosion *f*
anti-dazzle [*rear view mirror*] anti-éblouissant
anti-dieselling valve thermovalve *f*
anti-dive geometry géométrie anti-plongée *f*
anti-foam additive additif anti-mousse *m*
anti-foam agent agent anti-mousse *m*
antifreeze antigel *m*
antifreeze additive additif antigivre *m*
anti-glare mirror rétroviseur jour/nuit *m*
anti-glare position position nuit anti-éblouissement *f*
anti-intrusion side-impact bar barre latérale de protection anti-intrusion *f*
anti-knock additive additif anti-détonant *m*
anti-knock rating pouvoir anti-détonant *m*
anti-lock brakes anti-blocage des freins *m*
anti-lock braking system système anti-blocage des freins *m*
anti-oxidant anti-oxydant *m*

anti-perforation warranty garantie anti-corrosion *f*
anti-pinch sensor [*for windows*] détecteur anti-pincement *m*, capteur anti-pincement *m*
anti-pollution regulations réglementation anti-pollution *f*
anti-roll bar barre antiroulis *f*
anti-run-on valve thermovalve *f*
anti-rust antirouille
anti-rust treatment traitement antirouille *m*
anti-slip mat tapis anti-dérapant *m*
anti-submarining ramp glissière anti-plongée *f*
anti-submarining seat base siège évitant à l'occupant de passer sous la ceinture *m*
anti-theft alarm alarme antivol *f*
anti-theft device antivol *m*, dispositif antivol *m*
apex strip bande de talon *f*
apex (tip) seal [*in Wankel engine*] segment d'apex *m*
API (= American Petroleum Institute) API *m*
API classification classification API *f*
A-pillar montant de pare-brise *m*
to **apply** [*brakes*] actionner
apron tablier *m*
to **aquaplane** faire de l'aquaplaning
aquaplaning aquaplanage *m*, aquaplaning *m*
area zone *f*
arm bras *m*
armchair seat siège-club *m*
armrest accoudoir *m*
armature armature *f*
A-road route nationale *f*, nationale *f*
arterial [*road*] artère *f*
artic = articulated lorry
articulated lorry semi-remorque *f*, train routier articulé *m*
asbestos amiante *f*
asbestos-lined [*brakes*] à garniture amiante
ashtray cendrier *m*
asphalt asphalte *m*
aspiration aspiration *f*
to **assemble** assembler
assembly montage *m*, assemblage *m*; [*of bodywork*] habillage *m*; [*set of components*] ensemble *m*
assembly plant usine de montage *f*
atmosphere [*unit of pressure*] atmosphère *f*
atmospheric conditions conditions atmosphériques *fpl*
atmospheric pressure pression atmosphérique *f*
atomization [*of fuel*] atomisation *f*, pulvérisation *f*
to **atomize** [*fuel*] atomiser, pulvériser
atomized [*fuel*] atomisé, pulverisé
atomizer atomiseur *m*, pulvérisateur *m*
audio system système audio *m*
auto gearbox boîte de vitesses automatique *f*
auto-ignition auto-allumage *m*
automatic [*car*] automatique *f*
automatic adjuster réglage automatique *m*
automatic advance mechanism mécanisme d'avance automatique *m*
automatic car wash lavage automatique *m*
automatic choke starter automatique *m*
automatic cut-out conjoncteur-

disjoncteur automatique *m*
automatic gearbox boîte automatique *f*, boîte de vitesses automatique *f*
automatic injection advance unit système automatique d'avance à l'injection *m*
automatic search [*on cassette player*] recherche automatique (de séquences musicales) *f*
automatic transmission transmission automatique *f*, boîte de vitesses automatique *f*
automatic transmission fluid liquide pour transmission automatique *m*, huile pour boîte de vitesses automatique *f*
automatic transmission system système de transmission automatique *m*
automation automation *f*, automatisation *f*
automobile automobile *f*
Automobile Association ≈ Touring Club de France *m*
automotive automobile
automotive engineering ingénierie de l'automobile *f*
automotive parts pièces d'automobile *fpl*
auto-reverse [*on car cassette player*] autoreverse *m*, inversion automatique du sens de défilement *f*
auxiliary carburettor carburateur auxiliaire *m*
auxiliary driving lamps feux facultatifs *mpl*
average consumption consommation moyenne *f*
axial-flow fan ventilateur à flux axial *m*
axial hole trou axial *m*
axis of rotation axe de rotation *m*
axle essieu *m*; ***drive axle*** essieu moteur *m*, pont *m*
axle shaft arbre d'essieu *m*
axle stand support d'essieu *m*
axle tramp rebond de l'essieu *m*

B

baby seat siège auto bébé *m*, siège enfant *m*
back axle essieu arrière *m*; [*drive axle*] pont arrière *m*
back-door release déblocage de porte arrière *m*
to **backfire** avoir un raté (d'allumage)
backlash [*gearing*] jeu entre-dents *m*
back plate [*for brakes*] plaque-support *f*

back-pressure contre-pression *f*
backrest dossier *m*
back seat siège arrière *m*
back-seat passenger passager arrière *m*
back shelf tablette arrière *f*
badge écusson *m*
baffle(-plate) chicane *f*, baffle *f*
baggage cover cache-bagage *m*
balance équilibre *m*
balance mass masse d'équilibrage *f*
balance pipe tuyauterie d'équilibrage *f*
balance weight contrepoids *m*
balancer shaft arbre d'équilibrage *m*
bald [*tyre*] lisse
ball-and-socket joint rotule *f*
ball bearing roulement à billes *m*
ball peen hammer marteau de carrossier *m*
ball race piste des billes *f*, chemin de roulement des billes *m*
ball ramp plan incliné *m*, rampe *f*
ball-thrust bearing butée à billes *f*
ball valve clapet à bille *m*
ballast resistor résistance ballast *f*
ban [*from driving*] retrait de permis *m*
bank [*of cylinders*] rangée *f*
bar [*rod*] barre *f*
barrel [*on lock*] barillet de serrure *m*
base embase *f*
base circle [*of cam*] cercle de base *m*
base flange bride de fixation *f*
battery batterie *f*
battery back-up alimentation de secours par batterie *f*
battery cable câble de batterie *m*
battery charge warning light témoin de charge batterie *m*, voyant de charge *m*
battery charger chargeur (de batterie) *m*
battery-coil ignition allumage par bobine batterie *m*
battery connector connecteur (de batterie) *m*
battery current courant batterie *m*
battery-inductive ignition allumage inductif par batterie *m*
battery terminal borne de batterie *f*
bayonet cap capuchon bayonnette *m*
bdc (= Bottom Dead Centre) PMB *m*
beacon [*at crossing*] signal lumineux *m*
bead bourrelet *m*
bead apex bord de talon (de pneu) *m*
bead wire armature de bourrelet *m*
beam [*of light*] faisceau *m*; [*side beam of chassis*] longeron *m*; [*cross beam of chassis*] traverse *f*
beam axle essieu-poutre *m*
beam deflector déflecteur de faisceau *m*
bearing palier *m*
bearing bush coussinet de palier *m*
bearing cap chapeau de palier *m*
bearing metal métal anti-friction *m*
bearing shell coque porteuse *f*, coquille de coussinet *f*
bedding-in mise en place *f*
bell crank lever levier coudé *m*
Belleville spring ressort Belleville *m*
bellows booster servo-frein à soufflet *m*
belt courroie *f*

belt drive transmission par courroie *f*
belt driven entraîné par courroie
belt tensioner tendeur de courroie *m*
belted tyre pneu à ceinture *m*
bench seat banquette *f*
bench test essai au banc *m*
bend coude *m*; [*in road*] virage *m*
bending stress contrainte en flambage *f*
Bendix drive lanceur de démarreur Bendix *m*
bevel gear engrenage conique *m*, pignon conique *m*
bevel-type final drive couple conique *m*
bhp (= Brake HorsePower) ch *mpl*, CV *mpl*
bias tyre pneu à structure diagonale *m*
bifocal bifocal
big end [*of connecting rod*] tête (de bielle) *f*
big-end bearing palier de tête de bielle *m*
big-end cap chapeau de tête de bielle *m*
bike carrier porte-vélo *m*
bimetal thermal switch contacteur thermique bilame *m*
bimetallic spring ressort bilame *m*
bimetallic strip [*heat sensor*] bande bimétallique *f*, bilame *f*
binding [*rubbing*] frottement *m*
Birfield joint joint Birfield *m*
biting point [*of clutch*] point d'attaque *m*
black ice verglas *m*
blade [*of window wiper*] raclette *f*; [*of turbine*] ailette *f*
to **bleed** [*brakes*] purger
bleed nipple téton de purge *m*
bleed screw vis de purge *f*
bleed valve valve de purge *f*
bleeding [*of brakes*] purge *f*
blind [*on radiator*] rideau *m*
blind spot angle mort *m*
block [*engine block*] bloc moteur *m*
blocker ring synchronisateur à bague *m*
blowback retour de flamme *m*
blow-by fuite de gaz *f*
blow-by leakage fuites de gaz par les segments d'étanchéité *fpl*
blow-off pressure [*of radiator*] pression d'éclatement *f*
blow-out [*tyre*] éclatement *m*
blower [*in ventilation system*] turbine de ventilation *f*; [*supercharger*] soufflante *f*
blower intake [*carburettor*] prise d'air de la soufflante *f*
body carrosserie *f*
bodybuilder carrossier *m*
bodylock restraint system système de retenue du corps *m*
bodylock seat restraint blocage de maintien du corps *m*
body panel panneau de carrosserie *m*
body part pièce de carrosserie *f*
body platform plate-forme *f*
body repair centre atelier (de réparation) de carrosserie *m*
body roll roulis de la caisse *m*, mouvement de caisse *m*
bodyshell caisse *f*, coque *f*, carcasse *f*
bodyshop atelier de carrosserie *m*
body style style de carrosserie *m*
bodywork carrosserie *f*
bogie bogie *m*
boiling point point d'ébullition *m*
bolt boulon *m*
to **bolt** boulonner

to **bond** coller
bonded [*windscreen*] collé
bonding collage *m*
bonding agent agent de collage *m*, agent d'adhésivité *m*
bonnet capot *m*, capot moteur *m*
bonnet catch loquet de capot *m*
bonnet line profil du capot *m*
bonnet lock serrure de capot *f*
bonnet release déverrouillage du capot *m*
bonnet strut tige (de maintien) de capot *f*, béquille de capot *f*
boom [*of engine*] ronflement *m*, grondement *m*
to **boost** [*engine*] suralimenter
boost limitation [*supercharging*] limitation de suralimentation *f*
boost limiting valve valve de limitation de suralimentation *f*
booster [*supercharger*] compresseur *m*; [*on heater*] ventilateur *m*; [*for brakes*] servo-frein *m*
booster coil bobine auxiliaire *f*
booster cushion réhausseur *m*
booster piston piston de servo *m*
booster seat (siège) réhausseur *m*, siège de réhausse *m*
boot coffre *m*, coffre à bagages *m*
boot capacity volume de coffre *m*
boot handle poignée de coffre *f*
boot lid porte de coffre *f*
boot light éclaireur de coffre *m*
boot liner garnissage du coffre *m*
boot volume volume de coffre *m*
bore [*internal diameter of engine cylinder*] alésage *m*
to **bore** aléser
bore-stroke ratio rapport course-alésage *m*
boss [*centre of steering wheel*] bossette *f*
bottom [*gear*] rapport inférieur *m*
to **bottom** [*shock absorbers*] talonner
bottom dead centre point mort bas *m*
bottom-end power puissance à bas régime *f*
bottom gear vitesse inférieure *f*
bottom gearbox ratio rapport de vitesse inférieur *m*
bottom-of-the-range bas-de-gamme
bounce [*of contact*] rebond des contacts *m*; [*of vehicle*] rebondissement *m*
boundary lubrication lubrification limite *f*
Bourdon tube tube de Bourdon *m*
Bowden cable câble sous gaine *m*
bowl-in-piston piston à chambre *m*, piston à évidement *m*
bowl-in-piston combustion combustion dans l'évidement du piston *f*
box [*housing*] caisse *f*
box junction [*on road*] zone de carrefour à accès réglementé *f*
boxer engine moteur à cylindres à plat *m*, boxer *m*
B-pillar montant de porte *m*
bracing rod tige de renfort *f*
bracket support *m*
brake frein *m*
to **brake** freiner
brake adjuster spanner clé de réglage des freins *f*
brake band bande de frein *f*
brake bleed nipple spanner clé de purge des freins *f*
brake caliper étrier *m*
brake compensator compensateur de frein *m*

brake fade fading *m*
brake fluid liquide de freins *m*
brake fluid reservoir réservoir de liquide de frein *m*
brake horsepower puissance au frein *f*
brake hose flexible de frein *m*
brake lamp feu de stop *m*
brake lever levier de frein *m*
brake line conduite de frein *f*, tuyauterie de frein *f*
brake lining garniture de frein *f*
brake pad plaquette de frein *f*
brake pad wear warning light témoin d'usure de plaquettes de frein *m*
brake pedal pédale de frein *f*
brake pipe tuyauterie de frein *f*
brake piston piston de frein *m*
brake pressure control valve valve de contrôle de la pression de freinage *f*
brake servo servofrein *m*
brake shoe mâchoire de frein *f*, segment *m*, segment de frein *m*
brake travel course des freins *f*
braked trailer remorque freinée *f*
braking freinage *m*
braking distance distance de freinage *f*
braking ratio rapport de freinage *m*
brass laiton *m*
breakdown panne *f*
to **break down** tomber en panne
breakdown and recovery service service de remorquage et de dépannage *m*
breakdown insurance assurance dépannage *f*
breakdown voltage tension de claquage *f*
breaker rupteur *m*
breakerless ignition allumage sans rupteur *m*
to **breathalyse** faire subir l'alcootest à
breathalyser test alcootest *m*
breather pipe reniflard *m*, tuyau de reniflard *m*
breather port orifice de reniflard *m*
bridge pont *m*
B-road route secondaire *f*
broken white line ligne discontinue *f*
bronze bronze *m*
bronze bush manchon de bronze *m*, douille de bronze *f*
brush balai *m*
brush set jeu de balais *m*
bubbling [*in paintwork*] boursouflure *f*
bucket seat siège baquet *m*
buckle boucle *f*
to **buckle** se déformer; [*of wheels*] se voiler
built-in intégré
built-in radio radio intégrée *f*
built-up area agglomération *f*
built-up construction [*of crankshaft*] (vilebrequin) composé *m*
built-up crankshaft vilebrequin en plusieurs parties *m*
bulb ampoule *f*
bulb set jeu d'ampoules *m*
bulge [*in tyre*] hernie *f*
bulkhead cloison *f*
bulk swirl [*turbulence in lean-burn engine*] mouvement tourbillonnaire *m*
bump start démarrage poussé *m*
bump steer réversibilité de direction *f*
bump stop [*on transverse link*

system] butée de suspension *f*
bumper pare-chocs *m*, bouclier *m*, pare-chocs bouclier *m*
bumper apron tablier de pare-chocs *m*
bumper guard butoir de pare-chocs *m*
bumper insert insert de pare-chocs *m*
bumper skirt jupe de pare-chocs *f*
bumper-to-bumper [*traffic*] pare-chocs contre pare-chocs
to **burn** brûler
burnt-out [*clutch*] brûlé
burr walnut ronce de noyer *f*
to **burst** [*tyre*] éclater
bus autobus *m*, bus *m*
bus driver conducteur d'autobus *m*, chauffeur de bus *m*
bus lane couloir d'autobus *m*
bush douille *f*, bague *f*, manchon *m*
bushing bague de culbuteur *f*
butterfly valve papillon *m*, volet papillon *m*
butyl liner revêtement butyle *m*
by-pass by-pass *m*, dérivation *f*; [*road*] route de contournement *f*
by-pass filter filtre en dérivation *m*
by-pass valve clapet de dérivation *m* , clapet by-pass *m*

C

cabin [*of passenger car*] habitacle *m*; [*of lorry*] cabine *f*
cabin temperature température de l'habitacle *f*
cable câble *m*
cable control commande par câble *f*
cable terminal cosse *f*
cabover cabine avancée *f*
cabriolet cabriolet *m*
CAD (= Computer-Aided Design) CAO *f*
CADCAM (= Computer-Aided Design, Computer-Aided Manufacture) CFAO *f*
calibrated calibré
calibration calibrage *m*
caliper étrier (de frein à disque) *m*
calorific value pouvoir calorifique *m*, apport calorifique *m*
cam came *f*
cambelt courroie d'entraînement d'arbre à cames *f*
cam follower poussoir *m*
cam lobe bossage de came *m*
cam plate plaque oscillante *f*
cam profile profil de cames *m*
camber [*of wheel*] carrossage *m*; [*of road*] bombement *m*
camber angle angle de carrossage *m*

camper (van) camping car *m*
camshaft arbre à cames *m*, arbre de distribution *m*
camshaft bearing palier d'arbre à cames *m*
camshaft belt courroie d'arbre à cames *f*
camshaft drive entraînement d'arbre à cames *m*
camshaft drivebelt courroie d'entraînement d'arbre à cames *f*
camshaft gear(wheel) pignon d'arbre à cames *m*
camshaft pulley poulie d'arbre à cames *f*
camshaft timing gear pignon de calage d'arbre à cames *m*
cap bouchon *m*
capacitor condensateur *m*
capacity [*of engine*] cylindrée *f*; [*of tank*] capacité *f*; [*of passenger area*] habitabilité *f*
car voiture *f*
car insurance assurance auto *f*
car park parking *m*, parc de stationnement *m*
carphone téléphone de voiture *m*
car polish produit de polissage *m*, polish (pour carrosserie) *m*
car radio autoradio *m*
car recovery insurance assurance dépannage *f*
car serial number numéro de série *m*
car theft vols de voiture *mpl*
car wash lavage auto *m*
caravan caravane *f*
carb carburateur *m*
carbon carbone *m*, charbon *m*
carbon steel acier au carbone *m*
carbon deposit calaminage *m*
carbon dioxide gaz carbonique *m*
carbon fibre fibre de carbone *f*
carbon filter filtre au charbon *m*
carbon monoxide monoxyde de carbone *m*, oxyde de carbone *m*
carburation carburation *f*
carburettor carburateur *m*
carburettor damper amortisseur de commande sur carburateur *m*
carcass carcasse *f*
cardan joint joint de cardans *m*
careless driving conduite dangereuse *f*
cargo floor plancher de chargement *m*
cargo volume volume de chargement *m*
carpet moquette *f*
carry cot lit-nacelle *m*, nacelle *f*
cartridge cartouche *f*
cartridge-type filter filtre à huile à cartouche *m*
case-hardened cémenté
case-hardened steel acier cémenté *m*
casing carter *m*; [*of pump*] corps *m*; [*of tyre*] carcasse *f*
cassette player lecteur cassette *m*
to **cast** couler
cast iron fonte *f*
cast iron block bloc en fonte *m*
cast shaft arbre à cames coulé *m*, arbre coulé *m*
castellated crénelé, à créneaux
caster chasse *f*
caster action [*of steering*] effet de chasse *m*
caster angle [*of steering*] angle de chasse *m*
casting pièce de fonte *f*
catalysed catalysé
catalysis catalyse *f*
catalyst catalyseur *m*
catalyst agent substance catalytique *f*

catalytic converter catalyseur *m*, pot catalytique *m*, pot à catalyseur *m*
cat's eyes yeux de chat *mpl*
cc (= Cubic Centimetres) cm^3
cell cellule *f*
central door locking verrouillage centralisé des portes *m*
central gear pignon central *m*
central locking fermeture centralisée *f*, condamnation centralisée des portes *f*, verrouillage central *m*
central processing unit unité centrale *f*
central reservation terre-plein central *m*
central tunnel tunnel central *m*
centre bearing palier central *m*
centre console console centrale *f*
centre electrode électrode centrale *f*
centre-lock mounting montage à blocage central *m*
centre-mounted monté au centre
centre-point steering direction à point milieu *f*
centre position [*when steering*] point milieu *m*
centre punch pointeau de marquage *m*
centrifugal advance avance centrifuge *f*
centrifugal advance mechanism mécanisme d'avance centrifuge *m*, dispositif d'avance centrifuge *m*
centrifugal blower turbine centrifuge *f*
centrifugal compressor compresseur centrifuge *m*
centrifugal force force centrifuge *f*
centrifugal governor régulateur centrifuge *m*
centring centrage *m*
centripetal force force centripète *f*
ceramic céramique *f*
certificate of insurance attestation d'assurance *f*
cetane number indice de cétane *m*
CFC = ChloroFluoroCarbon
chain chaîne *f*
chain drive entraînement par chaîne *m*
chain flutter oscillations de la chaîne *fpl*, battement de la chaîne *m*
chain guide guide chaîne *m*
chain tensioner tendeur de chaîne *m*
chamfer chanfrein *m*
to **chamfer** chanfreiner
chamois leather peau de chamois *f*
to **change down** rétrograder
to **change gear** changer de vitesse, changer de rapport
change valve [*automatic transmission*] valve de changement de rapport *f*
changing down rétrogradage *m*
channel frame section profilé creux de châssis *m*
to **charge** [*battery*] charger
charge-air cooler refroidissement d'air de suralimentation *m*
chargecooled [*engine*] suralimenté refroidi
charge warning lamp lampe-témoin de charge batterie *f*
charged chargé
charging system circuit de charge *m*
chassis châssis *m*
chassis number numéro de châssis *m*
chassis stand chandelle *f*

chassisless construction carrosserie autoporteuse *f*
chauffeur chauffeur *m*
check-control appareil de signalisation des défauts *m*
check valve clapet de retenue *m*, valve d'arrêt *f*
chemically correct mixture mélange stoëchiométrique *m*
chevron chevron *m*
child booster cushion réhausseur *m*
child booster seat siège réhausseur *m*
child lock sécurité-enfants *f*
child restraint dispositif de retenue pour enfant *m*, ceinture pour enfant *f*
child seat siège enfant *m*
to **chill** refroidir
chloride chlorure *m*
chlorofluorocarbon chlorofluorocarbone *m*
to **chock** [*wheel*] caler
choke starter *m*
choke cable câble de starter *m*
choke control commande de starter *f*
choke tube tube de starter *m*
chrome chrome *m*
chrome-plated chromé
chrome strip bande chromée *f*
chromium chrome *m*
chromium-plated chromé
chromium-plating chromage *m*
CI engine (= compression-ignition) moteur à allumage par compression *m*
cigar lighter allume-cigare *f*
circlip circlip *m*
circlip pliers pince à circlip *f*
circuit circuit *m*
circuit breaker coupe-circuit *m*, disjoncteur *m*
circumference circonférence *f*
claim sinistre *m*
clamp collier *m*; [*on disk brake*] étrier de frein à disque *m*; [*to immobilize vehicle*] sabot *m*
to **clamp** prendre en étau; [*wheels*] immobiliser
clamp battery connector connecteur serre-câbles de batterie *m*
clamping nut écrou de blocage *m*
class [*of car*] catégorie *f*
clean engine moteur propre *m*
to **clean up** [*engine*] dépolluer
cleaned up [*engine*] dépollué
cleaning fluid liquide de nettoyage *m*, fluide de nettoyage *m*
cleaning up [*of exhaust gases*] dépollution *f*
clearance jeu *m*
clearance volume dégagement *m*
clearway voie rapide *f*
climate control system climatiseur *m*
climbing montée *f*
clip agrafe *f*, attache *f*, clip *m*
clock montre *f*
clocked chronométré
clogging colmatage *m*
closed circuit circuit fermé *m*
closed crankcase ventilation ventilation de carter étanche *f*
closing flank [*of cam*] pente de fermeture *f*
closing of contacts fermeture des contacts *f*
clutch embrayage *m*
clutch bell housing cloche d'embrayage *f*
clutch cone cône d'embrayage *m*
clutch disc disque d'embrayage *m*

clutch drag patinage d'embrayage *m*
clutch fluid fluide d'embrayage *m*
clutch fork fourchette d'embrayage *f*
clutch housing carter d'embrayage *m*
clutch judder secousses à l'embrayage *fpl*
clutch pedal pédale d'embrayage *f*
clutch plate plateau d'embrayage *m*
clutch release bearing butée de débrayage *f*
clutch servo servo d'embrayage *m*
clutch slave cylinder récepteur d'embrayage *m*
clutch slip patinage de l'embrayage *m*
clutch spring ressort d'embrayage *m*
clutch start démarrage à l'embrayage *m*
clutch stop [*disc brake*] frein d'embrayage *m*
coach car *m*, autocar *m*
coachbuilder carrossier *m*
to **coast** rouler en roue libre, avancer en roue libre
coast-down (test) essai en roue libre *m*
coat hook porte-manteau *m*
coaxial coaxial
cockpit habitacle *m*; [*of racing car*] poste de pilotage *m*, cockpit *m*
coded engine immobilizer antidémarrage codé *m*, ADC *m*
coefficient of friction coefficient de frottement *m*
coefficient of thermal expansion coefficient de dilatation thermique *m*
coil bobine *f*
coil-ignition system circuit d'allumage par bobine *m*
coil spring ressort hélicoïdal *m*
cold chisel ciseau à froid *m*
cold-cranking load charge de démarrage à froid *f*
cold engine moteur froid *m*
cold plug bougie froide *f*
to **cold-rivet** riveter à froid
cold sludge dépôts *mpl*
cold start device dispositif de départ à froid *m*
cold start protection protection de démarrage à froid *f*
cold starting départ à froid *m*, démarrage à froid *m*
collapsible [*steering column*] rétractile, rétractable
collector collecteur *m*
collision collision *f*, accrochage *m*
collision damage waiver suppression de franchise pour les dommages causés aux véhicules *f*
column change levier de vitesses sur colonne de direction *m*
combination spanner clé mixte *f*
combustion combustion *f*
combustion chamber chambre de combustion *f*, chambre d'explosion *f*
combustion gases gaz de combustion *m*
comfort confort *m*
commercial vehicle véhicule utilitaire *m*
commutator collecteur *m*
company car voiture de société *f*, voiture de fonction *f*
company car tax taxe sur les voitures de société *f*
compensating valve valve de compensation *f*

compensation system [*when air/ fuel mix increases*] système de compensation *m*
compensator arm bras compensateur *m*
compensator valve valve de compensation *f*
competition car voiture de compétition *f*
component pièce détachée *f*
composite construction [*of objects*] construction composite *f*; [*of materials*] structure composite *f*
composite propeller shaft arbre de transmission composite *m*
compound gearing train d'engrenages épicycloïdaux successifs *m*
comprehensive insurance assurance tous risques *f*
to **compress** comprimer
compressed comprimé
compressed-air braking system circuit de freinage à air comprimé *m*
compressed-air servo servo à air comprimé *m*
compressed gas gaz comprimés *mpl*
compressed natural gas gaz naturel comprimé *m*
compression ignition allumage par compression *m*
compression-ignition engine moteur à allumage par compression *m*
compression ratio rapport volumétrique *m*, taux de compression *m*
compression ring segment d'étanchéité *m*
compression stroke temps compression *m*
compression testing essai de compression *m*
compressor compresseur *m*
compressor pump compresseur *m*
computer ordinateur *m*
computer-aided design conception assistée par ordinateur *f*
computer-aided manufacture fabrication assistée par ordinateur *f*
computer-controlled contrôlé par ordinateur
concave concave
concept car concept-car *m*
condensation condensation *f*
condenser condenseur *m*; [*in air-conditioning system*] condensateur *m*
conduction conduction *f*
conductive conducteur
conductor conducteur *m*
cone clutch embrayage à cônes *m*
congested [*roads*] embouteillé, encombré
conical seat siège conique *m*
conical valve clapet conique *m*
connecting rod bielle *f*, biellette *f*
connection connexion *f*
connector connecteur *m*
conrod bielle *f*
console console *f*
constant-choke carburettor carburateur à orifice constante *m*
constant-depression carburettor carburateur à dépression constante *m*
constant-mesh gearbox boîte de vitesses en prise constante *f*
constant-mesh pinion pignon en prise constante *m*
constant-speed driving entraînement en prise

constante *m*
constant-vacuum carburettor carburateur à dépression constante *m*
constant-velocity joint joint de cardan *m*, joint homocinétique *m*
to **consume** consommer
consumption consommation *f*
contact contact *m*
contact breaker rupteur *m*
contact breaker plate plateau porte-rupteur *m*
contact breaker points contacts rupteur *mpl*
contact erosion usure des contacts *f*
continuous continu
continuous combustion combustion continue *f*
continuous injection injection continue *f*
continuous line ligne continue *f*
continuously variable transmission transmission à variateur continu *f*, transmission à variation continue *f*
contra-flow contre-courant *m*
control arm bras de contrôle *m*
control box régulateur de charge *m*
control plunger piston de commande *m*
control relay relais de commande *m*
control rod [*steering*] tige de cremaillère *f*; [*gearbox*] réglette *f*
control valve valve modulatrice *f*
controlled parking zone zone de stationnement réglementé *f*
convection convection *f*
converging beam faisceau convergent *m*
converter clutch convertisseur-embrayage *m*
convertible décapotable *f*
convex convexe
to **cool** refroidir
coolant liquide de refroidissement *m*, fluide de refroidissement *m*
coolant fluid liquide de refroidissement *m*
coolant inlet arrivée de liquide de refroidissement *f*
coolant outlet sortie de liquide de refroidissement *f*
cooled air air refroidi *m*
cooling refroidissement *m*
cooling agent agent refroidissant *m*
cooling fin ailette de refroidissement *f*
cooling system circuit de refroidissement *m*
cooling water eau de refroidissement *f*
copper-lead cuivre-plomb *m*
cord pli *m*
core hole trou de coulée *m*, trou d'usinage *m*
core plug obturateur de trou de coulée *m*, obturateur de trou d'usinage *m*
cork gasket joint en liège *m*
corner tournant *m*
cornering virage *m*
cornering ability comportement en virage *m*, comportement en courbe *m*
cornering force [*on tyres*] forces en virage *fpl*
cornering power capacité en courbe *f*, capacité en virage *f*
cornering stability stabilité en courbe *f*
corrosion corrosion *f*, usure corrosive *f*
corrosion inhibitor inhibiteur de corrosion *m*

corrosion-resistant anti-corrosion
corrosive gas gaz corrosif *m*
counter-balance mass masse de contrepoids *f*, masse d'équilibrage *f*
counter-balance shaft arbre d'équilibrage *m*
counter-balance spring ressort compensateur *m*
countershaft [*layshaft*] arbre intermédiaire *m*
coupé coupé *m*
coupling accouplement *m*
coupling bar barre d'accouplement *f*
courtesy car [*from garage*] véhicule de remplacement *m*
courtesy delay light plafonnier temporisé *m*
courtesy light plafonnier *m*
courtesy mirror miroir de courtoisie *m*
cover couvercle *m*; [*over spare wheel*] cache *m*
cowl(ing) capot de ventilateur *m*; [*directs air flow*] déflecteur de ventilateur *m*
C/R = Compression Ratio
crank maneton *m*
to **crank** [*engine*] démarrer, lancer
crankcase carter
crankcase breather reniflard du carter moteur *m*
crank circle diameter diamètre de parcours du maneton *m*
crankpin maneton *m*
crank radius rayon de parcours du maneton *m*
crankshaft vilebrequin *m*
crankshaft pulley poulie de vilbrequin *f*
crankshaft sensor capteur sur vilebrequin *m*
cranking handle manivelle *f*
cranking speed vitesse du démarreur *f*, régime de démarrage *m*
cranking torque couple de démarrage *m*
crash choc *m*
to **crash** entrer en collision
crash energy absorbing zone zone d'absorption de l'énergie de choc *f*
crash helmet casque *m*
crash sensor détecteur de collision *m*, détecteur de choc *m*
crawler lane voie pour véhicules lents *f*
creep [*ticking-over engine moves car*] rampage *m*
crest [*of crown wheel*] cercle de base de la couronne *m*
crimping [*slotting of driving plate*] sertissage *m*
critical speed range plage de régime critique *f*
cross beam traverse *f*
cross-country cross-country
cross-flow flux opposés *mpl*
cross-flow head culasse à flux opposés *f*
cross-flow radiator radiateur à flux transversal *m*
cross-member traverse *f*
crosspiece pièce en croix *f*
cross-ply nappe croisée *f*
cross-ply tyre pneu à structure diagonale *m*
crossroads carrefour *m*
cross-shaft axe transversal *m*
cross-strut étai transversal *m*
cross-type joint articulation à croisillon *f*
crown [*of piston*] couronne *f*, tête *f*; [*of tyre*] sommet *m*

crown wheel couronne (de pont) *f*
crown wheel and pinion couple conique *m*
cruciform bracing renfort en X *m*
cruciform key clé cruciforme *f*
crude petroleum pétrole brut *m*
cruise control commande de vitesse de croisière *f*
crumple zone zone de déformation *f*
cubic capacity cylindrée *f*
cup holder support de tasse *m*
curb *Am* = **kerb**
current courant *m*
curtainsider camion bâché *m*
to **cut a corner** couper un virage
to **cut in** se rabattre
to **cut out** [*engine etc*] disjoncter
cut-out device dispositif de coupure *m*
cut-out valve conjoncteur-disjoncteur *m*, disjoncteur *m*
CV = Constant Velocity joint
CVT = Continuously Variable Transmission
cycle cycle *m*
cycle lane bande cyclable *f*
cycle of operations [*to run engine*] cycle de fonctionnement *m*
cycle path bande cyclable *f*
cylinder cylindre *m*
cylinder axis axe des cylindres *m*
cylinder bank rangée de cylindres *f*
cylinder block bloc cylindre *m*
cylinder bore alésage de cylindre *m*
cylinder compression gauge manomètre de compression *m*
cylinder gasket blowing fuite par le joint de culasse *f*
cylinder head culasse *f*
cylinder head gasket joint de culasse *m*
cylinder jacket chemise de cylindre *f*
cylinder liner chemise de cylindre *f*
cylinder wall paroi des cylindres *f*
cylindrical roller bearing palier radial cylindrique *m*
cylindrical valve soupape cylindrique *f*

D

to **damp** [*shocks*] amortir
damper amortisseur *m*, damper *m*
damping amortissement *m*
damping slipper patin amortisseur *m*
dangerous driving conduite dangereuse *f*
dashboard tableau de bord *m*,

planche de bord *f*
dashpot dash-pot *m*
DC (= Direct Current) cc
DC motor moteur à courant continu *m*
dead axle essieu fixe *m*
dead centre point mort *m*
deadlock serrure passive *f*
dead weight poids mort *m*
dealer concessionnaire *m*, distributeur *m*
to **decelerate** décélérer
deceleration décélération *f*
deceleration cut-off coupure à la décélération *f*
deceleration lane voie de décélération *f*
to **declutch** débrayer
de Dion suspension suspension de Dion *f*
deep cycling cycle charge-décharge intense *m*
to **deflate** dégonfler
deflated dégonflé
deflection [*of frame*] déflection *f*
deflector [*in manifold*] déflecteur *m*
to **defrost** dégivrer
defroster dégivrage *m*
dehumidification déshumidification *f*
dehydrator déshydrateur *m*
de-icer dégivreur *m*
de-icing dégivrage *m*
deionized water eau déminéralisée *f*
delay servo servo retardé *m*
delayed cut-off [*of courtesy light*] extinction retardée *f*
to **deliver** [*hp*] développer
delivery pipe tubulure de refoulement *f*
delivery valve clapet de refoulement *m*
delivery van camionnette de livraison *f*
to **demist** désembuer
demister désembueur *m*
demisting désembuage *m*
demonstration car voiture de démonstration *f*
density masse volumique *f*
Department of Transport ministère des Transports *m*
Department of Transportation *Am* ministère des Transports *m*
deposit dépôt *m*
to **depress** [*pedal*] appuyer sur, enfoncer
depression dépression *f*
depression transfer transfert de dépression *m*
depth indicator témoin indicateur d'usure *m*
derestricted road route à vitesse non réglementée *f*
derv gazole *m*
designer styliste *m*
detergent additive additif détergent *m*
detergent (agent) détergent *m*
detergent oil huile détergente *f*
detonation [*of gas*] détonation *f*, combustion détonante *f*
DI = Direct Injection
diagnostic bay station diagnostic *f*
diagnostic testing tests de diagnostic *mpl*
diagonal ply pli diagonal *m*
diagonal-ply tyre pneu à carcasse diagonale *m*
diagonal shoulder strap sangle diagonale *f*
dial gauge comparateur *m*
dial indicator comparateur *m*
diameter diamètre *m*

diaphragm diaphragme *m*, membrane *f*
diaphragm carburettor carburateur à diaphragme *m*
diaphragm pump pompe à membrane *f*
diaphragm spring diaphragme (d'embrayage) *m*
diaphragm valve [*in fuel distributor*] régulateur de pression différentielle *m*
die matrice *f*
to **die** [*engine*] s'étouffer
diesel gazole *m*, (carburant) diesel *m*, gasoil *m*
diesel emissions test contrôle des émissions de moteurs diesel *m*
diesel injection injection diesel *f*
diesel knock cognement (du moteur) diesel *m*
dieselling auto-allumage *m*
differential différentiel *m*
differential air pressure pression d'air différentielle *f*
differential casing boîtier de différentiel *m*
differential lock blocage de différentiel *m*
differential locking device (système de) blocage de différentiel *m*
differential shaft axle arbre de différentiel *m*
diffuser diffuseur *m*
diffuser tube [*air bleed correction*] tube diffuseur *m*
digital clock montre digitale *f*
digital computer ordinateur *m*, calculateur *m*
digital frequency display affichage digital des fréquences *m*
digital readout affichage digital *m*
dim-dip veilleuse-codes *fpl*
dimensions dimensions *fpl*
DIN rating puissance DIN *f*
diode diode *f*
diode rectifier redresseur à diodes *m*
dipstick jauge d'huile (manuelle) *f*
dip switch interrupteur de feux de croisement *m*
dipped headlights codes *mpl*, feux de croisement *mpl*
direct-acting damper amortisseur à action directe *m*
direct-acting servo servo à commande directe *m*
direct air cooling refroidissement par air *m*
direct burning combustion directe *f*
direct current courant continu *m*
direct drive transmission directe *f*
direct gear vitesse supérieure *f*
direct injection injection directe *f*
direction direction *f*
direction of rotation sens de rotation *m*
direction of travel sens de la marche *m*
direction sign panneau d'indication *m*
directional indicator indicateur (de changement) de direction *m*
directional stability stabilité directionnelle *f*
dirt track piste en terre *f*
to **disassemble** démonter
disc disque *m*
disc brake frein à disque *m*
disc clutch embrayage monodisque *m*
disc valve clapet disque *m*
discharge nozzle buse de sortie *f*
discharged [*battery*] à vide

to **disconnect** déconnecter
to **disengage** [*gears*] débrayer
disengaged débrayé
disengagement débrayage *m*
dished concave
disk disque *m*
to **dismantle** démonter
dispersant additive additif dispersant *m*
dispersing agent agent dispersant *m*
displacement volume cylindrée *f*
displacer unit amortisseur à déplacement de fluide *m*
display panel cadran de bord *m*
display unit unité d'affichage *f*
disqualification disqualification *f*
distance distance *f*
distance piece [*adjuster*] entretoise de réglage *f*
distance table tableau des distances entre les villes *m*
distilled water eau distillée *f*
distribution distribution *f*
distributor distributeur *m*
distributor cap tête d'allumeur *f*, tête de distribution *f*
distributor pump pompe de distribution *f*
distributor shaft arbre de distribution *m*
distributor unit allumeur *m*, allumeur-distributeur *m*
dive [*on braking*] plongée (au freinage) *f*
diverging beam faisceau divergent *m*
diversion déviation *f*
divided chamber chambre divisée *f*
divided highway *Am* route à deux voies *f*
dog [*teeth on sliding collars*] griffe *f*
dog clutch embrayage à crabot *m*, crabot *m*
door portière *f*, porte *f*
door bin vide-poche *f*
door handle poignée de portière *f*
door insert contre-porte *f*
door locking verrouillage des portes *m*
door mirror rétroviseur extérieur *m*
door-open warning light indicateur lumineux de porte ouverte *m*
door panel panneau de porte *m*
door pillar montant de porte *m*
door pocket vide-poche *m*
door skin peau de porte *f*
DOT = Department of Transportation *Am*
double-acting à double effet
double-acting servo servo à double action *m*
double camshaft double arbre à cames *m*
double-cone synchros synchros à double cône *mpl*
to **double-declutch** faire un double débrayage
double-declutching double débrayage *m*
double glazing double vitrage *m*
double helical gear engrenage à double denture hélicoïdale *m*
double link double liaison *f*
double-reduction gearing engrenage à double réduction *m*
double white line double ligne blanche *f*
double wishbone suspension suspension à triangles doubles *f*
double yellow line double ligne jaune qui indique une zone de

stationnement interdit *f*
doughnut rubber coupling accouplement élastique *m*
dowel [*location device*] téton (de positionnement) *m*
downdraft = **downdraught**
downdraught carburettor carburateur inversé *m*
to **downshift** rétrograder
downstream side côté aval *m*
drag traînée *f*
drag coefficient coefficient aérodynamique *m*, coefficient de pénétration dans l'air *m*, Cx *m*
drag link biellette de direction *f*
drag link bar bielle pendante *f*
dragster dragster *m*
to **drain** [*oil*] vidanger
drain-back [*of oil*] retour d'huile au carter *m*
drain hole vis de purge *m*, trou d'évacuation *m*
drain plug bouchon de vidange *m*
drain tap robinet de vidange *m*, robinet de purge *m*
drawbar crochet (d'attelage) *m*
drawbar pull force au crochet *f*
drift angle angle de dérive *m*
to **drill** percer
to **drink and drive** boire et conduire
drink-driver conducteur ivre *m*
drive entraînement *m*; [*on automatic gearbox*] conduite normale *f*; ***to go for a drive*** faire une promenade en voiture
to **drive** conduire, piloter
drive angle angle d'entraînement *m*
drive belt courroie d'entraînement *f*; [*for interdependent parts*] courroie de commande *f*
driveline chaîne cinématique *f*
drive shaft arbre d'entraînement *m*, arbre de commande *m*
drivetrain chaîne cinématique *f*
driveability [*of vehicle*] facilité de conduite *f*, agrément de conduite *m*
driven member partie menée *f*
driven plate [*friction plate*] plateau mené *m*, disque de friction *m*
driver conducteur *m*; conductrice *f*
driver alertness monitor contrôleur de vigilance du conducteur *m*
driver's license *Am* permis de conduire *m*
driving conduite *f*; ***driving on underinflated tyres*** roulage en sous-gonflage *m*
driving axle essieu moteur *m*
driving conditions conditions de conduite *fpl*
driving gear pignon d'entraînement *m*
driving hub moyeu de roue motrice *m*
driving instructor moniteur de conduite *m*
driving lamp feu de route *m*
driving lesson cours de conduite *m*
driving licence permis de conduire *m*
driving member partie menante *f*
driving mirror rétroviseur *m*
driving position position de conduite *f*
driving pulley poulie d'entraînement *f*
driving school auto-école *f*
driving test examen de conduite *m*
driving wheel roue motrice *f*

drop arm bielle pendante *f*
drop-head coupé coupé cabriolet *m*
drop test essai de chute *m*
drum tambour *m*
dry weather tyre pneu temps sec *m*
dual carriageway route à deux voies *f*
dual circuit brakes freinage à double circuit *m*
dual controlled car voiture à double commande *f*
dual-venturi à double venturi
duct conduit *m*; [*for air*] gaine *f*
ducting tuyauterie *f*
dummy [*used for tests*] mannequin *m*
dump truck benne basculante *f*
dump valve valve de relais d'urgence *f*
duo-servo brake double circuit de freinage assisté *m*
dust cap capuchon anti-poussière *m*
dwell dwell *m*
dwell angle angle de dwell *m*, angle de fermeture *m*
dwell angle meter contrôleur d'angle de dwell *m*
dynamic balance équilibrage dynamique *m*
dynamic viscosity viscosité dynamique *f*
dynamics dynamique *f*
dynamo dynamo *f*

E

earth cable câble de masse *m*
earth electrode électrode de masse *f*
earth return circuit circuit de retour à la masse *m*
eccentric excentrique
eccentric bush arbre à excentrique *m*
eccentric rotor pump pompe à rotor excentré *f*
eccentric shaft arbre à excentrique *m*
eccentric vane pump pompe à ailettes excentrées *f*
EC frontal impact test essai de collision frontale CE *m*
economizer économiseur *m*
economy mode [*automatic gears*] mode économique *m*
ECU = Electronic Control Unit
effort effort *m*, force *f*
EFI = Electronic Fuel Injection
EGR (= Exhaust Gas Recirculation) EGR *f*
electric aerial antenne électrique *f*
electric arc arc électrique *m*

electric circuit circuit électrique *m*
electric door mirror rétroviseur (extérieur) électrique *m*
electric drill perceuse électrique *f*
electric fan ventilateur électrique *m*
electric fuel pump pompe électrique de carburant *f*
electric gauge jauge électrique *f*
electric generator moteur électrique *m*
electric headlamp adjustment réglage électrique des projecteurs *m*
electric heater [*manifold heater*] chauffage électrique *m*
electric hood capote électrique *f*
electric induction motor moteur électrique à induction *m*
electric motor moteur électrique *m*
electric propulsion propulsion électrique *f*
electric pump pompe électrique *f*
electric retarder ralentisseur électrique *m*
electric solenoid solénoïde électrique *m*
electric spark étincelle électrique *f*
electric sunroof toit ouvrant électrique *m*
electric vehicle véhicule électrique *m*
electric window glace électrique *f*, vitre électrique *f*
electric window winder lève-vitre électrique *m*
electrical equipment appareillage électrique *m*
electrical impulse impulsion électrique *f*
electrical load test essai de charge électrique *m*
electrical power énergie électrique *f*
electrically électriquement
electrically controlled window vitre à commande électrique *f*
electrician's screwdriver tournevis d'électricien *m*
electrician's side cutters pince coupante d'électricien *f*
electrics appareillage électrique *m*, électricité *f*
electrode électrode *f*
electrode gap écartement des électrodes *m*
electro-hydraulic pressure actuator actuateur électro-hydraulique *m*
electro-hydraulic suspension suspension électro-hydraulique *f*
electro-hydraulically électro-hydrauliquement
electrolyte électrolyte *m*
electrolyte level [*of battery*] niveau d'électrolyte *m*
electrolytic coating revêtement électrolytique *m*
electromagnet électro-aimant *m*
electromagnetic électromagnétique
electromagnetic compatibility compatibilité électromagnétique *f*
electromagnetic regulator régulateur électromagnétique *m*
electromagnetic switch interrupteur électromagnétique *m*
electromotive force force électromotrice *f*
electron électron *m*
electronic électronique
electronic carburettor carburateur électronique *m*
electronic control unit centrale

électronique *f*
electronic device dispositif électronique *m*
electronic filter filtre électronique *m*
electronic fuel injection injection à commande numérique *f*, injection électronique *f*
electronic ignition allumage électronique *m*
electronic ignition control module électronique d'allumage *m*
electronic ride control contrôle électronique de confort *m*
electronic route finder guide électronique d'itinéraire *m*
electronic tracking system système de suivi électronique *m*
electronically sensed ABS freinage électronique ABS *m*
electronics électronique *f*
electro-pneumatic électro-pneumatique
electrostatically électrostatiquement
elliptical spring ressort elliptique *m*
EMC = ElectroMagnetic Compatibility
emergency battery batterie de secours *f*
emergency service service d'urgence *m*
emergency telephone poste d'appel d'urgence *m*
emery cloth toile d'émeri *f*
emission gas recirculation recirculation de gaz d'échappement *f*
emission limit seuil d'émission *m*
emission restrictions limites d'émission *fpl*
emissions émissions *fpl*
EMS (= Engine Management System) EMS *f*
emulsified fuel carburant émulsifié *m*
emulsifying process processus d'émulsification *m*
emulsion tube tube d'émulsion *m*
end-float [*of gears*] jeu latéral *m*
endurance test essai en endurance *m*
energy énergie *f*
energy-absorbing bumper pare-chocs à absorption d'énergie *m*
energy-absorbing frame châssis d'absorption d'énergie *m*
energy source source d'énergie *f*
to **engage** [*gears*] engager
engaged enclenché, engagé
engagement/disengagement spring ressort d'engrènement *m*
engine moteur *m*
engine axis axe du moteur *m*
engine block bloc moteur *m*, bloc-cylindre *m*
engine braking frein-moteur *m*
engine bulkhead pare-feu de moteur *m*
engine compartment compartiment moteur *m*
engine cooling refroidissement du moteur *m*
engine cradle berceau *m*
engine drone ronronnement du moteur *m*
engine fitter monteur *m*
engine gasket joint moteur *m*
engine immobilizer (dispositif) antidémarrage *m*
engine load charge du moteur *f*
engine lubrication lubrification du moteur *f*
engine lubrication system circuit de lubrification du moteur *m*

engine management system commande électronique du moteur *f*
engine mounting support moteur *m*
engine noise bruit du moteur *m*
engine number numéro de moteur *m*
engine oil huile moteur *f*
engine oil pressure warning light témoin de pression d'huile moteur *m*
engine response réaction du moteur *f*
engine size taille du moteur *f*
engine speed régime moteur *m*
engine speed sensor capteur de vitesse moteur *m*
engine stroke temps moteur *m*
engine sump carter *m*
engine timing case cover carter de distribution *m*
engine torque couple moteur *m*
engine valve soupape (de moteur) *f*
entry junction raccord d'entrée *m*
entry model modèle de base *m*
environmental control system système de climatisation *m*
EP (= Extreme Pressure) EP *f*
epicyclic [*gearing*] épicycloïdal
epicyclic gear unit train épicycloïdal *m*
epoxy resin résine époxyde *f*
equalizer égaliseur de fréquences *m*
equipment équipement *m*
ergonomic seat siège ergonomique *m*
ergonomics ergonomie *f*
estate (car) break *m*
ethanol éthanol *m*
ethylene glycol éthylène-glycol *m*
EVAP = Evaporative Emission Control System
to **evaporate** s'évaporer
evaporation évaporation *f*
evaporative emission control system système de contrôle des émissions de vapeur *m*
evaporator évaporateur *m*
evaporator pressure regulator détendeur de l'évaporateur *m*
evaporator thermostat switch contacteur thermostatique de l'évaporateur *m*
excess-fuel device dispositif de surcharge *m*
excitation flux flux inducteur *m*
exhaust échappement *m*; [*fumes*] gaz d'échappement *mpl*
exhaust brake frein sur échappement *m*
exhaust catalyst catalyseur sur échappement *m*, pot catalytique *m*
exhaust cleaning function fonction de dépollution des gaz d'échappement *f*
exhaust emission émission de gaz d'échappement *f*
exhaust gas gaz d'échappement *mpl*
exhaust gas analyser appareil d'analyse des gaz d'échappement *m*
exhaust gas recirculation recyclage des gaz d'échappement *m*
exhaust gas residual résidu de gaz d'échappement *m*
exhaust heat chaleur de l'échappement *m*
exhaust manifold conduits d'échappement *mpl*, collecteur d'échappement *m*
exhaust manifold heat box boîte à

chaleur du collecteur d'échappement *f*
exhaust pipe pot d'échappement *m*, tube d'échappement *m*
exhaust port lumière d'échappement *f*
exhaust sensor capteur sur échappement *m*
exhaust stroke échappement *m*
exhaust system système d'échappement *m*
exhaust valve soupape d'échappement *f*
exhaust valve closing lag retard à la fermeture de l'échappement *m*
exhaust valve opening lead avance à l'ouverture de l'échappement *f*
exhauster [*vacuum assistance*] pompe à vide *f*
exit sortie *f*
exit junction raccord de sortie *m*
to **expand** [*gas*] se dilater
expander [*in brake drum*] came de frein *f*
expander spring ressort d'expansion *m*
expansion expansion *f*; [*of gas*] dilatation *f*
expansion spring ressort d'expansion *m*
expansion tank vase d'expansion *m*, réservoir d'expansion *m*
expansion valve clapet de dilatation *m*
explosion détonation *f*
explosive mixture mélange carburé *m*
extension piece rallonge *f*
external combustion engine moteur à combustion externe *m*
external temperature display indicateur de température extérieure *m*
extreme pressure additive additif extrême pression *m*
extreme pressure lubricant lubrifiant extrême pression *m*
eye [*on leaf spring*] œil *m*

F

face [*on valve seat*] portée (sur siège de soupape) *f*
face level vent aérateur (vers visage) *m*
facia tableau de bord *m*
fade [*drum brakes problem*] fading *m*, évanouissement *m*
fail-safe à sûreté intégrée
fail-safe mode mode sûreté intégrée *m*
fairing carénage *m*
family car familiale *f*

family saloon berline familiale *f*
fan ventilateur *m*
fan belt courroie de ventilateur *f*
fan drive entraînement du ventilateur *m*
fan spindle arbre d'entraînement du ventilateur *m*
farad farad *m*
fascia tableau de bord *m*
fascia panel planche de bord *f*
fast idle ralenti accéléré *m*
fast-idle cam came de ralenti accéléré *f*
fast-idle control rod tige de commande de ralenti accéléré *f*
fast lane voie rapide *f*
fatigue fatigue *f*
fatigue strength résistance en fatigue *f*
fault anomalie *f*
fault warning sensor détecteur d'anomalie *m*
Federal Motor Vehicle Safety Standard ≈ norme (fédérale) de sécurité des véhicules motorisés *f*
feed hole [*on hydraulic brake system*] orifice d'alimentation *m*
feed pump pompe d'alimentation *f*
feeler gauge jauge d'épaisseur *f*
felt [*for insulation*] feutre *m*
female cone [*of clutch*] cône femelle *m*
fender *Am* aile *f*
field windings enroulement (du champ) d'excitation *m*
fifth gear cinquième vitesse *f*
fifth wheel [*trailer coupling*] sellette *f*; [*on test car*] cinquième roue *f*
filament filament *m*
filament lamp lampe à incandescence *f*
file [*tool*] lime *f*
to **fill up** [*with petrol*] faire le plein
filler tube de remplissage *m*
filler cap bouchon de remplissage *m*
filler neck [*on expansion tank*] goulotte de remplissage *f*
filler paste mastic de bouchage *m*
filler plug bouchon de remplissage *m*
filler skirt jupe entretoise *f*
fillet baguette de raccordement *f*
fillet rolling roulage de raccordement *m*
filling station station service *f*
filter filtre *m*
filter cartridge cartouche filtrante *f*
filter element cartouche filtrante *f*
fin [*on cylinder*] ailette (de refroidissement) *f*
fin radiator radiateur à ailettes *m*
final drive transmission finale *f*
final-drive gears couple de pont *m*
final-drive oil huile de pont *f*
final-drive ratio démultiplication finale *f*
fingertight serré à la main
finish finition *f*
fire incendie *m*
to **fire** s'allumer
fire extinguisher extincteur (d'incendie) *m*
firewall *Am* pare-feu de moteur *m*
firing order *or* **sequence** [*of cylinders*] ordre d'allumage *m*, séquence de combustion *f*
first aid kit trousse de premier secours *f*
first gear première vitesse *f*; [*gearwheel*] pignon de première *m*
to **fit** monter

five-cylinder layout disposition cinq cylindres *f*
five-door model (version) cinq portes *f*
five-seater cinq places *f*
five-speed and reverse gearbox boîte cinq vitesses et marche arrière *f*
five-speed automatic transmission unit transmission automatique à cinq vitesses *f*
five-speed gearbox boîte cinq-vitesses *f*, boîte de vitesses cinq rapports *f*
flame arrester pare-flammes *m*
flame front front de flamme *m*
flammable inflammable
flange flasque *m*, bride *f*
flap trappe *f*; [*measures air flow into engine*] volet-sonde *m*
flap valve [*in throttle*] valve papillon *f*, papillon *m*
flasher clignotant *m*
flasher unit centrale clignotant *f*
flat [*tyre*] crevaison *f*, pneu crevé *m*, pneu à plat *m*
flat-base tappet poussoir à base plate *m*
flatbed truck camion à plateau *m*, camion-plateau *m*
flat blade screwdriver tournevis à lame plate *m*, tournevis plat *m*
flat engine moteur à plat *m*
flat 4 4 cylindres à plat
flat spot point mort *m*
flat twin engine moteur deux cylindres à plat *m*
fleet flotte *f*, parc de véhicules *m*
fleet management gestion de parc *f*
flexible pipe durit *f*, tuyau flexible *m*
flick wipe [*wipers*] balayage unique *m*
float flotteur *m*
float chamber cuve à niveau constant *f*
float chamber vent orifice de cuve à niveau constant *m*
float indicator jauge à flotteur *f*
floating caliper étrier flottant *m*
floating lever levier flottant *m*
floating shoe mâchoire flottante *f*
to **flood** [*engine*] noyer
floor plancher *m*, sol *m*
floor mat tapis *m*
floor-mounted gearstick levier (de vitesses) au plancher *m*
floorpan plancher *m*
floor shift levier (de vitesses) au plancher *m*
fluid fluide *m*; [*hydraulic*] huile *f*
fluid clutch embrayage hydrodynamique *m*
fluid converter [*torque converter*] convertisseur de couple hydrodynamique *m*
fluid coupling accouplement hydraulique *m*
fluid displacer amortisseur à fluide *m*
fluid drive transmission hydraulique *f*
fluid flywheel coupleur hydraulique *m*
fluidity fluidité *f*
fluorescent fluorescent
fluorinated rubber caoutchouc fluoré *m*
flush fitting [*handles etc*] affleurant, encastré
flyover autopont *m*, toboggan *m*
flyweight [*of governor*] masselotte *f*
flywheel volant moteur *m*
flywheel ring gear couronne de

lancement *f*
FMVSS = Federal Motor Vehicle Safety Standard
foaming moussage *m*
fog lamp *or* **light** projecteur anti-brouillard *m*, phare anti-brouillard *m*
fold-down hood capote *f*
folding basculement *m*
folding back dossier rabattable *m*, dossier repliable *m*
folding map carte pliante *f*
folding seat siège basculant *m*
follow-on spring [*in acceleration pump*] ressort de maintien *m*
footbrake frein à pied *m*
footpump pompe activée au pied *f*
footwell place aux pieds *f*
force force *f*
fore-and-aft avant et arrière
fore-and-aft movement [*of engine*] déplacement longitudinal *m*
fore-and-aft vibration [*of engine*] vibration axiale *f*
forecourt [*of dealer*] parc d'exposition *m*
forge forge *f*
to **forge** forger
fork [*in road*] embranchement *m*
forked lever levier à fourche *m*
forward clutch embrayage avant *m*
forward gear marche avant *f*
forward gear ratio rapport avant *m*
forward speed vitesse avant *f*
fouling [*of plugs*] encrassement *m*
foundry fonderie *f*
four-brush motor moteur à quatre balais *m*
four-channel ABS ABS quatre voies *m*
four-cycle engine moteur à quatre temps *m*
four-cylinder engine moteur quatre cylindres *m*
four-door model quatre portes *f*
four-doored quatre portes
four-point seatbelt ceinture à quatre points d'ancrage *f*
four-speed gearbox boîte (à) quatre vitesses *f*, boîte de vitesses quatre rapports *f*
four-star super *m*
four-star unleaded super sans plomb *m*
four-stroke cycle cycle à quatre temps *m*
four-stroke engine moteur (à) quatre temps *m*
4WD (= Four-Wheel Drive) 4 x 4 *m*
4WS = Four-Wheel Steering
four-wheel drive quatre roues motrices *fpl*
four-wheel drive indicator light voyant du mode 4x4 *m*
four-wheel steering quatre roues directrices *fpl*
fourth gear quatrième vitesse *f*
frame [*chassis*] châssis *m*; [*of seat*] armature *f*; [*rim*] encadrement *m*; [*of tyre*] carcasse *f*
frameless body shell carrosserie autoportante *f*, caisse autoporteuse *f*
franchised dealer concessionnaire agréé *m*
free end [*of engine*] côté libre *m*
free gap [*of piston ring*] jeu à la coupe avant montage *m*
free turbine turbine de type libre *f*
freeway *Am* autoroute *f*
free wheel roue libre *f*
to **free-wheel** avancer en roue libre
free wheel locking device blocage de roue libre *m*

free-wheeling hub moyeu à roue libre *m*
to **freeze** geler
friction friction *f*, frottement *m*
friction band bande de friction *f*
friction clutch embrayage à friction *m*
friction cone cône de friction *m*
friction facing surface de friction *f*
friction lining garniture de friction *f*
friction material matériel de friction *m*
friction pad plaquette de frein *f*
friction plate plateau de friction *m*
friction surface surface de friction *f*
front-wheel drive traction avant *f*
front-wheel steering roues avant directrices *fpl*
frontal collision collision frontale *f*
frontal impact choc frontal *m*
frontal impact test test de choc frontal *m*
fuel carburant *m*, combustible *m*
fuel accumulator accumulateur de carburant *m*
fuel/air mixture mélange air/carburant *f*
fuel atomization vaporisation de carburant *f*
fuel bleed purge de carburant *f*
fuel cap bouchon de réservoir *m*
fuel capacity capacité de réservoir *f*
fuel consumption consommation de carburant *f*
fuel cut-off valve valve de coupure de carburant *f*
fuel discharge outlet orifice de retour de carburant *m*
fuel distributor doseur-distributeur *m*, distributeur de carburant *m*
fuel economy économie de carburant *f*
fuel efficiency économie (de carburant) *f*
fuel filler goulot de remplissage de carburant *m*
fuel filler pipe tuyau de remplissage de carburant *m*
fuel filter filtre à carburant *m*, filtre à combustible *m*
fuel flap trappe de réservoir *f*
fuel flap release déblocage de la trappe de réservoir *m*
fuel gauge jauge de carburant *f*
fuel-injected engine moteur à injection *m*
fuel injection alimentation par injection *f*, injection (de combustible) *f*
fuel injection system système d'injection (de combustible) *m*
fuel injector injecteur de carburant *m*
fuel inlet arrivée de carburant *f*
fuel jet gicleur *m*
fuel level niveau de carburant *m*
fuel level warning light témoin lumineux de minimum de carburant *m*
fuel line tuyauterie de carburant *f*
fuel line filter filtre de conduite de carburant *m*
fuel metering valve valve de dosage de carburant *f*
fuel oil mazout *m*
fuel outlet pipe tuyau de sortie de carburant *f*
fuel pipe tuyau d'alimentation en carburant *m*
fuel port orifice d'arrivée de carburant *m*
fuel pressure pression de

carburant *f*
fuel pressure regulator régulateur de pression de carburant *m*
fuel pump pompe à carburant *f*, pompe d'alimentation *f*
fuel pump cut-off switch contacteur de coupure de pompe de carburant *m*
fuel pump inhibitor désactivateur de pompe de carburant *m*
fuel spray brouillard carburé *m*; [*device*] gicleur *m*
fuel supply pump pompe d'alimentation (en carburant) *f*
fuel tank réservoir *m*, réservoir à carburant *m*
fuel tank capacity volume du réservoir *m*, capacité du réservoir *f*
fuel tank guard fermeture de sécurité du réservoir de carburant *f*
fuel tank shield bouclier de réservoir de carburant *m*
fuel temperature gauge jauge de température du carburant *f*
fuel vapour vapeur de carburant *f*
fulcrum ring [*in clutch*] bague pivot *f*
full beam: on full beam en feux de route, en pleins phares
full-depth tooth dent de longueur normale *f*
full-flow filter filtre plein débit *m*
full licence permis tous véhicules *m*
full lift pleine levée *f*
full lock: in full lock en butée; ***in full left/right lock*** en butée à gauche/droite
full throttle pleins gaz *mpl*
fully compensated [*brake system*] entièrement compensé
fully floating [*rear hub construction*] entièrement flottant
fully floating gudgeon pin axe de piston (entièrement) flottant *m*
funnel entonnoir *m*
fuse fusible *m*
fuse box boîte à fusibles *f*
fuse set jeu de fusibles *m*
fusible link liaison fusible *f*
fusible plug bouchon fusible *m*
fuzzy logic logique floue *f*
FWD = Front Wheel Drive

G

gaiter soufflet *m*
galvanized galvanisé
galvanized steel acier galvanisé *m*
galvanometer galvanomètre *m*
gap [*of spark plug, points*] écartement *m*; [*in piston ring*]

jeu à la coupe (des segments) *m*
garage garage *m*
garage mechanic garagiste *m*
gas [*in cylinder*] gaz *m*; *Am* essence *f*
gas-filled sphere sphère de suspension hydropneumatique *f*
gas mixture mélange gazeux *m*
gas path [*on manifold*] trajectoire des gaz *f*
gas ring segment d'étanchéité *m*
gas-sphere suspension suspension à gaz *f*
gas strut amortisseur à gaz *m*, vérin à gaz *m*
gas turbine turbine à gaz *f*
gas turbine engine moteur à turbine à gaz *m*
gasket joint d'étanchéité *m*, joint *m*
gasket face plan de joint *m*
gasoline *Am* essence *f*
gate pattern [*of gearbox*] disposition de grille *f*, type de grille *m*
gear vitesse *f*; [*gearwheel*] engrenage *m*
to **gear to** engrener sur
gearbox boîte de vitesses *f*; ***six-speed gearbox*** boîte de vitesses six rapports; ***four-speed gearbox*** boîte quatre vitesses
gearbox ratio rapport de boîte *m*
gear change changement de vitesse *m*
gear lever levier de changement de vitesses *m*, levier de vitesses *m*, sélecteur de vitesses *m*
gear pump pompe à huile à engrenage extérieur *f*
gear ratio rapport de transmission *m*
gear sector secteur denté *m*
gear selection sélection de vitesse *f*
gear selector mode mode sélecteur de vitesses *m*
gearshift levier de vitesses *m*
gear shifting passage de vitesses *m*, passage de rapports *m*
gearstick levier de vitesses *m*
geartrain train de pignons *m*
gearwheel engrenage *m*, pignon *m*
gearing jeu d'engrenages *m*
gears vitesses *fpl*, rapports *mpl*; [*gearwheels*] pignons *mpl*
generator générateur *m*, génératrice *f*
geometry checking contrôle de géométrie *m*
to **give way** céder le passage
give way sign signal de priorité *m*
gland presse étoupe *m*
glass-breakage sensor détecteur de bris de glace *m*
glass fibre fibre de verre *f*
glass reinforced plastic plastique renforcé par fibre de verre *m*
glovebox boîte à gants *f*
glow plug bougie de préchauffage *f*
goods vehicle poids lourd *m*, véhicule utilitaire *m*
governor [*of engine*] régulateur *m*
grab [*brakes*] blocage *m*
grab handle poignée de maintien *f*
gradient resistance résistance opposée par la pente *f*
graduated tint shadeband nuancier *m*
graphite graphite *m*
graphite-lined bearing butée graphitée *f*
gravity-feed fuel system circuit d'arrivée de carburant par gravité *m*
grease graisse *f*
grease gun pompe de graissage *f*

grease nipple graisseur *m*
greased graissé
greasing graissage *m*
green card carte verte *f*, attestation d'assurance *f*
grille calandre *f*, grille-calandre *f*
to **grind** [*gears*] grincer
grinding machine machine de rectification *f*
grip [*of tyres*] adhérence *f*
grooved cannelé
ground cable *Am* câble de masse *m*
ground clearance garde au sol *f*
ground contact area surface de contact au sol *f*
ground effect effet de sol *m*
GRP = Glass Reinforced Plastic
guard plate plaque protectrice *f*
gudgeon pin axe de piston *m*
gudgeon pin boss bossage de l'axe de piston *m*
gudgeon pin hole trou de l'axe de piston *m*
guidance system [*electronic map*] système de guidage *m*
guide ring bague d'entraînement *f*
gusset gousset *m*
gutter [*on roof*] gouttière *f*

H

hairpin spring ressort en U *m*
half bearing demi-palier *m*
half-height bulkhead cloison basse de séparation *f*
half-nut assembly [*on steering box*] ensemble demi-écrou *m*
half-shaft demi-arbre *m*
half-washer demi-rondelle *f*
Hall effect trigger déclenchement par effet Hall *m*
Hall pulse generator générateur d'impulsions Hall *m*
halogen headlights phares halogènes *mpl*
hammer marteau *m*
handbook manuel *m*, livre de bord *m*
handbrake frein à main *m*
handbrake lock blocage de frein à main *m*
"handbrake on" light voyant de frein à main *m*, témoin de frein parking *m*
hand controls commandes manuelles *fpl*
hand signal signe de la main *m*
handle poignée *f*; [*interior*] tirette *f*
handling [*of car*] maniabilité *f*, comportement routier *m*
hard plug bougie froide *f*
hard shoulder bande d'arrêt d'urgence *f*
hard-top hard-top *m*
harness [*wiring*] faisceau

(électrique) *m*
hatchback berline cinq/trois portes *f*; [*actual door*] hayon *m*
hatchback release déverrouillage du hayon *m*
hazard information panel [*on lorries*] indicateur de matières dangereuses *m*
hazard (warning) lights feux de détresse *mpl*
head gasket joint de culasse *m*
headlamp phare *m*, projecteur *m*
headlamp adjustment réglage des phares *m*
headlamp lens verre de phare *m*
headlamp levelling réglage des projecteurs *m*
headlamp power wash lave-phare *m*
headlamp protector protection de projecteur *f*
headlamp rim enjoliveur de phare *m*
headlamp wash/wipe lave-essuie-phare *m*
headlamp washer lave-phare *m*, lave-projecteur *m*
headlamp wiper essuie-phare *m*
headlight projecteur *m*, phare *m*
headliner garnissage de plafond *m*
headlining garnissage de plafond *m*
head-on collision collision frontale *f*, choc frontal *m*
headrest appuie-tête *m*
head restraint appuie-tête *m*
headroom [*in car*] hauteur au plafond *f*; [*under bridge*] hauteur (de passage) *f*
headup display affichage tête haute *m*
header tank réservoir en charge *m*, réservoir supérieur *m*
heat chaleur *f*
heat-conducting conduction thermique *f*
heat drying séchage à chaud *m*
heat engine moteur thermique *m*
heat exchanger échangeur de chaleur *m*
heat-sensing bulb ampoule de détection de chaleur *m*
heat sink châssis dissipateur *m*
heated door mirror rétroviseur extérieur dégivrant *m*
heated rear window lunette arrière chauffante *f*
heated safety glass vitre de sécurité chauffante *f*
heated seat siège chauffant *m*
heated window lunette chauffante *f*, vitre chauffante *f*
heater radiateur (de chauffage) *m*
heater ducting [*water*] tuyauteries de chauffage *fpl*; [*air*] gaines de chauffage *fpl*
heater matrix grille de réchauffeur *f*
heater plug bougie de préchauffage *f*
heating chauffage *m*
heating and ventilation system système de ventilation-chauffage *m*
heating system système de chauffage *m*, circuit de chauffage *m*
heavy [*steering*] pesant, lourd
heavy duty oil huile HD *f*
heavy-fraction fuel huiles lourdes *fpl*
heavy goods vehicle poids lourd *m*
heavy section pressure plate plateau de pression à grosse section *m*
heavy spot [*on wheel*] balourd *m*

hedgehog type hot spot réchauffeur hérisson *m*
heel [*on contact breaker*] toucheau *m*
heel and toe talon-pointe *m*
height hauteur *f*
height-adjustable réglable en hauteur
height adjustment réglage de hauteur *m*
height limit hauteur limite *f*
helical hélicoïdal
helical gear engrenage hélicoïdal *m*
helical slot fente hélicoïdale *f*
helical spring ressort hélicoïdal *m*, ressort à boudins *m*
helical teeth cannelures hélicoïdales *fpl*
helix rampe hélicoïdale *f*
hemispherical hémisphérique
hemispherical head culasse à flux opposés *f*
hexagon screw vis hexagonale *f*
HGV = Heavy Goods Vehicle
high beam feux de route *mpl*
high cube grosse cylindrée *f*
high gear rapport supérieur *m*
high-octane fuel carburant à indice d'octane élevé *m*
high-performance car voiture (à) haute performance *f*
high-performance engine moteur (à) haute performance *m*
high-powered à haute puissance
high-pressure line conduit à haute pression *m*
high-pressure switch manocontact haute pression *m*
high speed [*of vehicle*] grande vitesse *f*; [*of engine*] régime élevé *m*
high-speed circuit circuit de grande vitesse *m*
high-tensile steel acier à haute résistance élastique *m*
high tension haute tension *f*
high-tension cable câble haute tension *m*
high-tension circuit circuit haute tension *m*
high-tension coil bobine haute tension *f*
high-tension magneto-ignition allumage par magnéto haute tension *m*
high-viscosity [*oil*] à haute viscosité
high voltage haute tension *f*
highway *Am* route nationale *f*
Highway Code code de la route *m*
hill-climbing montée *f*
hit and run délit de fuite *m*
hold-on coil bobine de maintien *f*
hole-type nozzle injecteur à trous *m*
homokinetic motion mouvement homocinétique *m*
honeycomb [*structure of converter*] nid d'abeille *m*
hood capote *f*; [*Am, bonnet*] capot *m*
hood cover cache-capote *m*
hook crochet *m*
hooke-type coupling joint de cardan *m*
hop [*of wheels*] rebond des roues *m*
horizontally opposed engine moteur opposé horizontal *m*
horn klaxon *m*, avertisseur sonore *m*
horse-box van à chevaux *m*
horsepower chevaux *mpl*, puissance *f*
horse trailer van à chevaux *m*
hose durit *f*, durite *f*, conduit *m*

hose clip collier de durite *m*
hot engine moteur chaud *m*
hot plug bougie chaude *f*
hot rod hot rod *m*
hot spot [*manifold heater*] réchauffeur *m*
hot starting démarrage à chaud *m*
hot wax rinse rinçage cire chaude *m*
"hot-wire" dipstick jauge d'huile à fil chaud *f*
hot-wire sensor débitmètre massique à fil chaud *m*
Hotchkiss open-type drive entraînement ouvert Hotchkiss *m*
hour-glass worm vis étranglée *f*
housing carter *m*, boîtier *m*
hp (= HorsePower) ch *mpl*
ht (= High Tension) HT *f*
ht cable fil HT *m*
hub moyeu (de roue) *m*
hub assembly ensemble moyeu *m*
hub cap enjoliveur *m*
hub carrier fusée *f*
hub cover cache-moyeu *m*
humpback bridge dos d'âne *m*
hunting [*engine surge*] pompage *m*
hunting action phénomène de pompage *m*
hybrid circuit circuit hybride *m*
hybrid vehicle véhicule hybride *m*
hydragas suspension suspension hydragas *f*
hydraulic actuation commande hydraulique *f*
hydraulic automatic adjuster tendeur hydraulique *m*
hydraulic brake frein hydraulique *m*
hydraulic brake fluid liquide hydraulique de frein *m*
hydraulic circuit circuit hydraulique *m*
hydraulic converter convertisseur hydraulique *m*
hydraulic cylinder vérin hydraulique *m*
hydraulic damper amortisseur hydraulique *m*
hydraulic governor régulateur hydraulique *m*
hydraulic interlock verrouillage hydraulique *m*
hydraulic jack vérin hydraulique *m*; [*for lifting car*] cric hydraulique *m*
hydraulic lifters poussoirs hydrauliques *mpl*
hydraulic pressure pression hydraulique *f*
hydraulic ram cylinder vérin hydraulique *m*
hydraulic servo system dispositif de freinage hydraulique *m*
hydraulic shock absorber amortisseur hydraulique *m*
hydraulic suspension suspension hydraulique *f*
hydraulic tappet poussoir hydraulique *m*
hydrocarbon hydrocarbure *m*
hydrocarbon emission émission d'hydrocarbures *f*
hydrodynamic lubrication lubrification hydrodynamique *f*, lubrification par circulation forcée *f*
hydrogen hydrogène *m*
hydrogen engine moteur hydrogène *m*
hydrolastic displacer unit amortisseur hydro-élastique *m*
hydrolastic suspension suspension hydro-élastique *f*, suspension compound *f*
hydrometer hydromètre *m*

hydropneumatic suspension suspension hydropneumatique *f*
hypoid hypoïd
hypoid bevel pignon conique hypoïde *m*
hypoid drive axle pont hypoïde *m*
hypoid gear engrenage conique à denture hypoïde *m*
hypoid rear axle pont arrière hypoïde *m*

I

IC engine = Internal Combustion engine
ice [*black ice*] verglas *m*
ice scraper raclette (antigivre) *f*
IDI = InDirect Injection
idle ralenti *m*
to **idle** [*engine*] tourner au ralenti
idle circuit circuit de ralenti *m*
idle port by-pass de ralenti *m*, orifice de ralenti *m*
idle screw vis de ralenti *f*
idle speed vitesse de ralenti *f*, régime de ralenti *m*
idle speed adjusting screw vis de réglage de ralenti *f*
idle stroke course à vide *f*
idler pignon fou *m*
idling [*of engine*] ralenti *m*
idling and maximum speed governor régulateur mini-maxi *m*
idling jet gicleur de ralenti *m*
IDP = International Driving Permit
ignition allumage *m*; ***with the key in the ignition*** la clé sur le contact; ***ignition switched on*** contact mis; ***ignition switched off*** contact coupé
ignition and generator warning light voyant de contact et de charge *m*
ignition coil bobine d'allumage *f*
ignition cut-off switch interrupteur d'allumage *m*
ignition cycle cycle d'allumage *m*
ignition delay period retard à l'allumage *m*
ignition key clé de contact *f*
ignition lag retard à l'allumage *m*
ignition lock antivol-contact *m*
ignition module module d'allumage *m*
ignition switch interrupteur d'allumage *m*
ignition system circuit d'allumage *m*
ignition timing calage d'allumage *m*
ignition trigger commande d'allumage *f*
ignition warning light témoin

d'allumage *m*
IMEP (= Indicated Mean Effective Pressure) PEMI *f*
immobilized immobilisé
immobilizer antidémarrage codé *m*
impact bar barre de renfort *f*
impact screwdriver tournevis à choc *m*
impact test essai au choc *m*
impeller rotor *m*; [*of water pump*] turbine *f*; [*of converter*] roue pompe *f*
inboard [*brakes*] suspendu
in-car entertainment accessoires d'agrément *mpl*
inclined overhead valves soupapes en tête inclinées *fpl*
inclined V configuration configuration en V inclinée *f*
inclinometer inclinomètre *m*
independent suspension suspension à roues indépendantes *f*
to **indicate** indiquer
indicated horsepower puissance indiquée *f*
indicated mean effective pressure pression effective moyenne indiquée *f*
indicator clignotant *m*
indirect injection injection indirecte *f*
inducted gas gaz aspiré *m*
induction [*in induction stroke*] admission *f*; [*in ignition*] inductance *f*; [*electrical*] induction *f*
induction coil bobine d'induction *f*
to **induction harden** tremper par induction
induction impulse impulsion inductive *f*
induction manifold tubulure d'admission *f*, conduit d'admission *m*
induction stroke temps (d')admission *m*
induction system système d'alimentation *m*
induction turbulence turbulence à l'admission *f*
inductive circuit circuit d'induction *m*
inductive pulse generator générateur d'impulsions par induction *m*
inductive storage system circuit de stockage par induction *m*
inductive trigger déclenchement inductif *m*
inductor inducteur *m*
inert gas gaz inerte *m*
inertia-actuated fuel cut-off switch coupure de carburant à déclenchement par inertie *f*
inertia cut-off switch contacteur de coupure à inertie *m*
inertia engagement enclenchement par inertie *m*
inertia forces forces d'inertie *fpl*
inertia load charge d'inertie *f*
inertia lock verrouillage par inertie *m*
inertia reel tambour de tension *m*, enrouleur (de ceinture de sécurité) *m*
inertia reel seat belt ceinture de sécurité à enrouleur *f*
inertia switch contacteur à inertie *m*
inertia valve soupape à inertie *f*, valve à inertie *f*
to **inflate** gonfler
inflation gonflage *m*
infra-red remote control télécommande à infrarouge *f*

infra-red remote locking verrouillage centralisé avec télécommande à infrarouge *m*
inhibit [*on gears*] interdiction *f*
inhibitor inhibiteur *m*
inhibitor switch contacteur d'interdiction *m*
initial point of impact point de choc initial *m*
to **inject** [*fuel*] injecter
injection pump pompe d'injection *f*
injection system système d'injection *m*; circuit d'injection *m*
injector injecteur *m*
injector needle aiguille d'injecteur *f*
inlet manifold conduits d'admission *mpl*, collecteur d'admission *m*
inlet pipe tubulure d'admission *f*
inlet port lumière d'admission *f*, orifice d'admission *m*
inlet valve soupape d'admission *f*; [*of fuel pump*] soupape d'alimentation *f*
inlet valve closing lag retard à la fermeture d'admission *m*
inlet valve opening lead avance à l'ouverture de l'admission *f*
in-line [*engine*] en ligne
in-line engine moteur en ligne *m*
in-line pump pompe d'injection en ligne *f*
in-line valves soupapes en ligne *fpl*
inner track rod barre de connexion *f*
inner tube chambre à air *f*
input shaft arbre d'entrée *m*, arbre primaire *m*
inspection contrôle *m*, visite *f*
inspection cover trappe de visite *f*
inspection pit fosse d'inspection *f*
instrument display tableau de bord *m*
instrument panel tableau de bord *m*
instrument panel lighting éclairage du tableau de bord *m*
instrumentation instrumentation *f*
instruments instruments *mpl*
insulation isolation *f*; ***heat insulation*** calorifugeage *m*
insulator [*for noise*] isolant *m*; [*on spark plug*] isolateur *m*
insurance assurance *f*
insurance disc vignette d'assurance *f*
insurance group groupe d'assurance *m*
insurance number numéro de sociétaire *m*
insurance policy police d'assurance *f*
intake manifold tubulures d'admission *fpl*
intake pipe conduit d'admission *m*
intake port chapelle d'admission *f*, lumière d'admission *f*
intake stroke temps (d')admission *m*
intake tube tube d'entrée *m*
intake valve soupape d'admission *f*
integral body shell coque autoporteuse *f*
integral valve guide guide de soupape intégré *m*
integral-welded body châssis-coque soudé *m*
Integrated Chassis Design châssis intégré *m*
integrated circuit circuit intégré *m*
interchange échangeur *m*
intercooled [*engine*] refroidi
inter-cooled turbo diesel diesel

suralimenté refroidi *m*
intercooler intercooler *m*, refroidisseur intermédiaire *m*
interference eliminator antiparasite *m*
interior intérieur *m*
interior lighting éclairage intérieur *m*
interior trim habillage intérieur *m*
interlock mechanism mécanisme de sécurité *m*
intermediate ratio [*on gearbox*] rapport intermédiaire *m*
intermittent facility [*of wipers*] intermittence *f*
intermittent wipe balayage intermittent *m*
internal bonnet release déverrouillage du capot de l'intérieur *m*
internal combustion engine moteur à combustion interne *m*, moteur à explosion *m*
internal-external oil pump pompe à huile à engrenages intérieurs *f*
internal fittings équipement intérieur *m*
internal friction losses pertes par frottement interne *fpl*
internal furnishings aménagement intérieur *m*
international driving permit permis de conduire international *m*
intersection intersection *f*
invalid carriage véhicule spécial pour handicapés *m*
invar® [*alloy steel*] invar *m*
ionization ionisation *f*
iron armature armature en fer *f*
iron casting fonte *f*
iron nitride nitrure de fer *m*
island [*in road*] îlot *m*

J

jack vérin *m*; [*for lifting car*] cric *m*
jack-up [*on cornering*] délestage *m*
to **jack up** [*car*] soulever (à l'aide d'un cric)
jackknifing portefeuille *m*
jacket chemise *f*
jack(ing) point point de levage *m*, emplacement prévu pour le cric *m*
jarring à-coups *mpl*
jet gicleur *m*
jig calibre *m*
joint joint *m*, jointure *f*
journal tourillon *m*
joyriding virée avec une voiture volée *f*
judder vibration *f*

jump lead câble de démarrage *m*
jump start démarrage (à l'aide de câbles) *m*
to **jump start** démarrer (à l'aide des câbles)
jump start cable câble de démarrage *m*
jumper cable *Am* câble de démarrage *m*
junction [*road*] jonction *f*, bifurcation *f*; [*electrical*] connexion *f*
junction box boîtier de raccordement *m*
junior hacksaw scie à métaux *f*

K

kerb bord du trottoir *m*
kerb illumination door light lampe d'éclairage de trottoir sur porte *f*
kerb-to-kerb turning circle diamètre de braquage entre trottoirs *m*
kerb weight poids à vide *m*, poids en ordre de marche *m*
kerosene kérosène *m*
key clé *f*; [*on keypad*] touche *f*; [*bolt*] clavette *f*
keyboard clavier *m*
key number numéro de clé *m*
key pad immobilizer system dispositif antidémarrage codé *m*
keyless entry ouverture sans clé *f*
kickback réversibilité *f*
kickdown coup d'accélérateur *m*, kick-down *m*
kick starter kick-starter *m*
kinematic viscosity viscosité cinématique *f*
kinetic energy énergie cinétique *f*
king pin axe de fusée *m*, pivot de fusée *m*
king pin inclination inclinaison du pivot de fusée *f*
km/h (= KiloMetres per Hour) km/h
kneeroom espace aux genoux *m*
knob pommeau *m*
to **knock** [*engine*] cogner, détoner
knock limiter system système de régulation de cliquetis *m*
knock sensor détecteur de cognement *m*
knocking détonation *f*, cliquetis *m*; [*of piston*] cognement *m*

L

lacquer laque *f*
lacquering laquage *m*
ladder chassis châssis en échelle *m*
lag retard *m*
Lambda sensor sonde Lambda *f*
laminated [*windscreen*] feuilleté
laminated glass verre (de sécurité) feuilleté *m*, VSF *m*
laminated glass window vitre en VSF *m*
laminated spring ressort à lames *m*
laminated windscreen pare-brise feuilleté *m*
lamp lampe *f*
lane [*on motorway etc*] voie *f*
lap and shoulder belt ceinture trois points *f*
lap belt ceinture ventrale *f*
lapped-in [*valve face*] rôdé
laser laser *m*
latent heat chaleur latente *f*
lateral cornering forces forces latérales en virage *fpl*
lateral runout voile latéral *m*
lay-by aire de stationnement *f*
Laycock overdrive surmultiplicateur Laycock *m*
layshaft arbre intermédiaire *m*, arbre secondaire *m*
layshaft gear pignon de l'arbre intermédiaire *m*
layshaft gear cluster train d'engrenages de l'arbre intermédiaire *m*
lead plomb *m*
lead [*as opposed to lag*] avance *f*
lead-acid battery batterie au plomb *f*
lead-based additive additif à base de plomb *m*
lead compound composé organique du plomb *m*
lead-free (petrol) essence sans plomb *f*
lead particles particules de plomb *fpl*
lead-tin plomb-étain *m*
leading brake shoe segment de frein primaire *m*
leading shoe segment primaire *m*
leaf [*of spring*] lame *f*
leaf spring ressort à lames *m*
leak fuite *f*
leak-off pipe raccord de fuite *m*
leakage fuite *f*
lean-burn engine moteur Lean Burn *m*
lean mixture mélange pauvre *m*
lease crédit-bail *m*
leather seat trim sellerie cuir *f*
leather trim intérieur cuir *m*
LED (= Light Emitting Diode) DEL *f*
LED indicator indicateur à diodes électroluminescentes *m*
left-hand drive conduite à gauche *f*
legal limit [*of alcohol*] taux

d'alcoolémie autorisé *m*
legroom place pour les jambes *f*
lens [*on headlight*] glace de diffusion *f*
level crossing passage à niveau *m*
lever levier *m*
lever damper amortisseur à levier *m*
L-head soupape latérale *f*
L-head combustion chamber chambre de combustion à soupapes latérales *f*
licence permis *m*
licence plate plaque d'immatriculation *f*
license *Am* permis *m*
lifehammer marteau brise-vitre *m*
liftback hayon *m*
lift pump pompe de relevage *f*, pompe de refoulement *f*
lifting tackle appareil de levage *m*
light feu *m*
light commercial vehicle véhicule utilitaire léger *m*, véhicule de service *m*
light emitting diode diode électroluminescente *f*
light-fraction fuel carburant volatil *m*
light van fourgonnette *f*
lighting éclairage *m*
lighting circuit circuit d'éclairage *m*
lights [*on car*] feux (d'éclairage) *mpl*; [*traffic lights*] feux (tricolores) *mpl*
lights-on warning buzzer alarme d'oubli des feux *f*
lights switch commande d'éclairage *f*
limited-slip differential différentiel (autobloquant) à glissement limité *m*
limousine limousine *f*
limp-home mode mode dégradé *m*
liner [*of cylinders*] chemise *f*
lining garniture *f*
link road bretelle d'autoroute *f*, bretelle d'accès *f*
link strut piston piston à plaque intermédiaire *m*
linkage tringlerie *f*
lint-free rag chiffon non-pelucheux *m*
lip-type seal joint à lèvre *m*
liquefied petroleum gas gaz de pétrole liquéfié *m*
liquid-cooled engine moteur à refroidissement par eau *m*
liquid cooling refroidissement par eau *m*
liquid fuel carburant liquide *m*
list price prix de catalogue *m*
lithium lithium *m*
live axle essieu moteur *m*, pont *m*
load [*on wheels*] charge *f*; ***under load*** [*gears*] en charge
load-apportioning valve valve de répartition de freinage *f*
load area malle arrière *f*
load area cover cache-bagages *m*
load barrier cloison de séparation (entre cabine et soute) *f*
load bed plateau de chargement *m*
load box soute *f*
load capacity volume de chargement *m*
load-carrying joint assemblage porteur *m*
load compartment soute *f*
load cover cache-bagages *m*
load deck plate-forme de chargement *f*
load distribution répartition du poids *f*
load floor plancher de

chargement *f*
load-leveller répartiteur AV/AR asservi à la charge *m*
load platform plateau de chargement *m*
load restraint mesh filet de retenu de charge *m*
load sensing détection de charge *f*
load-sensitive (brake) proportioning valve valve de répartition de freinage sensible à la charge *f*
load sensor capteur de charge *m*
load space coffre *m*; [*of lorry*] plancher de chargement *m*
loaded weight poids en charge *m*
loading chargement *m*
lobe [*teeth*] ailette *f*; [*of cam*] bossage *m*
location device dispositif de positionnement *m*
location plate [*on camshaft timing gear*] repère de calage *m*
lock serrure *f*
to **lock** verrouiller; [*steering*] braquer
lock nut contre-écrou *m*
lock plate plaque de verrouillage *f*
lock ring jonc d'arrêt *m*
lock-to-lock de butée à butée
lock turns tours de volant *mpl*
lock-up [*of wheel*] lock-up *m*; [*gear*] rapport bloqué *m*
to **lock up** [*wheels*] bloquer
lock-up clutch embrayage de prise directe *m*
lock washer rondelle de blocage *f*
locked [*wheel*] bloqué
locking [*of doors etc*] verrouillage *m*
locking bar barre antivol *f*
locking wheel bolt écrou de roue *m*
logbook carnet de bord *m*
long-distance coach autocar long courrier *m*
long-distance lorry driver *Br*, **long-distance truck driver** (chauffeur) routier *m*, camionneur *m*
long vehicle véhicule long *m*
long wheelbase empattement long *m*
longeron longeron *m*
longitudinal engine moteur longitudinal *m*
loose chippings gravillons *mpl*
lorry *Br* camion *m*, poids lourd *m*
lorry driver *Br* (chauffeur) routier *m*, conducteur de poids lourd *m*
loudspeaker haut-parleur *m*
louvre aérateur *m*
low: at low speed à bas régime
low coolant level warning light témoin de niveau de liquide de refroidissement *m*
low-emission à faible émission
low fuel level warning light témoin de niveau de carburant *m*
low (gear) rapport inférieur *m*; [*on automatic gearbox*] conduite lente *f*
low-grade fuel carburant ordinaire *m*
low-inductance coil bobine à faible inductance *f*
low-maintenance battery batterie à entretien réduit *f*
low-octane fuel carburant à faible indice d'octane *m*
low profile taille basse *f*
low-profile tyre pneu taille basse *m*
low-speed wobble flottement à basse vitesse *m*

low tension basse tension *f*
low-tension circuit circuit basse tension *m*
low voltage basse tension *f*
to **lower the hood** décapoter
lozenging [*when frame is misshapen*] dressage *m*
LPG (= Liquefied Petroleum Gas) GPL *m*
L-plate plaque d'auto-école *f*
L&T = Leading and Trailing shoe
lt = Low Tension
lubricant lubrifiant *m*
to **lubricate** lubrifier
lubricating oil huile de lubrification *f*
lubrication lubrification *f*
lubrication circuit circuit de lubrification *m*
lubrication nipple graisseur *m*
lubrication oil huile de lubrification *f*
lubrication system circuit de lubrification *m*
lug [*location device*] tenon *m*
luggage box coffre de toit *m*
luggage compartment malle (arrière) *f*, coffre *m*; [*of coach*] compartiment à bagages *m*
lumbar adjustable seat siège à réglage lombaire *m*
lumbar adjustment réglage (d'appui) lombaire *m*
lumbar support soutien lombaire *m*
luxury car voiture de luxe *f*

M

to **machine** usiner
machine tool machine-outil *f*
MacPherson strut montage MacPherson *m*
MacPherson suspension suspension MacPherson *f*
magnesium alloy alliage au magnésium *m*
magnet aimant *m*
magnet armature armature magnétique *f*
magnet coil bobine magnétique *f*
magnetic magnétique
magnetic circuit circuit magnétique *m*
magnetic clutch embrayage magnétique *m*, embrayage électromagnétique *m*
magnetic field champ magnétique *m*
magnetic plug bouchon aimanté *m*
magnetic trigger déclenchement magnétique *m*
magneto ignition unit allumage magnétique *m*
main beam warning light voyant

de feux de route *m*
main bearing palier principal *m*
main bearing cap chapeau de palier principal *m*
main filter filtre principal *m*
main jet gicleur principal *m*
main journal tourillon principal *m*
main road route principale *f*
mainshaft arbre principal *m*; [*gearbox output*] arbre secondaire *m*
maintenance entretien *m*, maintenance *f*
maintenance-free battery batterie sans entretien *f*
maintenance manual manuel d'entretien *m*
make marque *f*
manganese manganèse *m*
manifold collecteur *m*
manifold absolute pressure pression absolue dans le collecteur *f*
manifold heater réchauffeur de collecteur *m*
manoeuvrability maniabilité *f*
manoeuvre manœuvre *f*
to **manoeuvre** manœuvrer
manual manuel *m*
manual aerial antenne manuelle *f*
manual-change gearbox boîte de vitesses manuelle *f*
manual choke starter manuel *m*
manual control valve vanne à commande manuelle *f*
manual gearbox boîte de vitesses mécanique *f*, boîte manuelle *f*, boîte mécanique *f*
manual gearchange changement de vitesses manuel *m*
manual overdrive transmission boîte de vitesse manuelle à rapport surmultiplié *f*
manual steering direction mécanique *f*
manual transmission transmission manuelle *f*
manual valve vanne manuelle *f*
manufacturer constructeur *m*
MAP = Manifold Absolute Pressure
map [*of city*] plan *m*; [*of country*] carte *f*
map light lecteur de carte *m*, lampe de lecture *f*
map pocket vide-poche *m*, bac à cartes *m*
map reading lamp lecteur de carte *m*, spot de lecture *m*
MAP sensor capteur de pression absolue dans le collecteur *m*
marker lamp feu de gabarit *m*
marque marque *f*
mass masse *f*
mass produced en (grande) série *f*
mass production production en série *f*
master cylinder maître-cylindre *m*
maximum lift [*valve*] pleine levée *f*
maximum permissible weight poids total autorisé *m*
maximum power puissance maximale *f*
maximum speed vitesse maximale *f*, vitesse maxi *f*
maximum torque couple maximal *m*
mean effective pressure pression moyenne efficace *f*
mean piston speed vitesse moyenne de piston *f*
mechanic mécanicien *m*
mechanical breakdown insurance assurance panne mécanique *f*
mechanical efficiency rendement

mécanique *m*
mechanical governor régulateur mécanique *m*
mechanical injection injection mécanique *f*
mechanical warranty garantie mécanique *f*
mechanical wear usure mécanique *f*
mechanically mécaniquement
mechanically driven entraîné mécaniquement
mechanics mécanique *f*
median strip *Am* terre-plein central *m*
melt-plug prise avec fusible incorporé *f*
memory seat siège à positions mémorisables *m*
memory setting [*for seats*] réglage programmable *m*
MEP = Mean Effective Pressure
to **mesh** engrener
to **mesh with** s'engrener avec
metal-faced [*gaskets*] à face métallique
metallic [*paintwork*] métallisé
metallic compound composé métallique *m*
metallic finish peinture métallique *f*
metallic lubricant lubrifiant métallique *m*
metallic paint peinture métallisée *f*
meter [*on taxi*] compteur *m*
to **meter** [*feed measured amounts*] doser; [*measure*] mesurer
metering jet gicleur de débit *m*
metering rod pointeau de dosage *m*
methanol méthanol *m*
methylated spirits alcool dénaturé *m*
MFD = Multi-Function Display
micro-computer microordinateur *m*
micro-electronic regulator régulateur micro-électronique *m*
micrometer micromètre *m*
microprocessor microprocesseur *m*
micro-turbulence microturbulence *f*
microwave sensor [*on alarm*] capteur à micro-ondes *m*
mid-engine moteur central *m*
mid-range milieu-de-gamme
mid-range response réponse à mi-régime *f*
mile mille (=1,609km) *m*
mileage kilométrage *m*
mileage verification certificate certificat de vérification du kilométrage *m*
miles on the clock ≈ kilomètres (au compteur totaliseur) *mpl*
milometer compteur kilométrique (totaliseur) *m*
mineral oil huile minérale *f*
minibus minibus *m*
minimum tread depth usure maximum *f*
mini-roundabout mini rond-point *m*
Ministry of Transport ministère des Transports *m*
minor road route secondaire *f*
misalignment faux alignement *m*
misfire raté *m*
mixing chamber chambre de mélange *f*
mixture adjusting screw vis de richesse *f*
mixture control unit appareil de contrôle du mélange *m*
model modèle *m*

model identification plate plaque d'identification du modèle *f*
modulator modulateur *m*
modulator valve valve modulatrice *f*
molybdenum molybdène *m*
monitoring system système de contrôle *m*
monobloc construction construction monobloc *f*
monocoque monocoque *m*
monolith [*catalytic converter*] monolithe *m*
monophase alternator alternateur monophasé *m*
moped vélomoteur *m*
MOT = Ministry Of Transport
MOT test contrôle technique *m*
Motability organisation pour les conducteurs handicapés
motel motel *m*
motor moteur *m*
motor caravan camping-car *m*
motorcycle motocycle *m*, motocyclette *f*
motorcycle combination moto et sidecar *f*
motor engineer ingénieur en automobile *m*, motoriste *m*
motor fuel carburant *m*
motor industry industrie automobile *f*
motor insurance assurance auto(mobile) *f*
motor manufacturer constructeur automobile *m*
motor race course automobile *f*
motor racing course automobile *f*
motor rally rallye automobile *m*
motor show salon automobile *m*
motor sport sport automobile *m*
motor vehicle véhicule à moteur *m*
motorway autoroute *f*
motorway exit sortie d'autoroute *f*
motorway network réseau autoroutier *m*
motorway services services autoroutiers *mpl*
motoring: the pleasures of motoring le plaisir de conduire
motorist automobiliste *m*
motorization motorisation *f*
mouldings [*in interior*] moulure d'encadrement *f*
moulton rubber joint joint caoutchouc *m*
mounting montage *m*
mounting bracket support de montage *m*
mounting point [*for seatbelt*] point d'ancrage *m*
moving part pièce en mouvement *f*
mpg (= Miles Per Gallon) ≈ l/100km
mph (= Miles Per Hour) ≈ km/h
mud flap bavette *f*
mudguard garde-boue *m*
muffler *Am* silencieux *m*
multi-barrel sequential carburettor carburateur séquentiel multi-fût *m*
multi-branch manifold collecteur multi-branche *m*
multi-coil spring clutch embrayage à ressorts multiples *m*
multi-cylinder engine moteur multicylindre *m*, moteur polycylindre *m*
multi-fuel engine moteur polycarburant *m*
multi-function display affichage multifonction *m*
multi-grade oil huile multigrade *f*
multi-hole injector injecteur multitrous *m*
multi-hole nozzle injecteur

multitrous *m*
multi-link axle essieu multipoint *m*
multi-link beam rear suspension suspension arrière à poutre multipoint *f*
multi-link rear suspension suspension arrière multibras *f*
multi-meter multimètre *m*
multi-phase clutch embrayage multiphasé *m*
multi-pin connector connecteur multibroche *m*
multi-plate clutch embrayage à disques multiples *m*
multi-point fuel injected engine moteur à injection multipoint *m*
multi-point fuel injection injection multipoint *f*
multi-point switch interrupteur multipoint *m*
multi-port fuel injection injection multipoint *f*
multi-purpose vehicle véhicule multifonction *m*, véhicule à usages multiples *m*
multi-rate leaf spring ressort à lames progressif *m*
multi-ratio gearbox boîte de vitesses multi-rapport *f*
multi-stage converter convertisseur multi-étagé *m*
multi-start Acme thread filetage Acmé à départs multiples *m*
multi-storey car park parc de stationnement à plusieurs niveaux *m*
multi-valve multisoupape
multi-valve cylinder head culasse multisoupape *f*
multi-valve electronic fuel injected engine moteur multisoupape à injection électronique *m*
multi-valve engine moteur multisoupape *m*
multi-vee belt courroie trapézoïdale multiple *f*

N

nacelle nacelle *f*
natural circulation system circuit à circulation naturelle *m*
naturally aspirated engine moteur à aspiration naturelle *m*
nearside [*of car*] côté gauche *m*; [*in France, USA*] côté droit *m*
needle aiguille *f*; [*in float*] pointeau *m*
needle bearing roulement à aiguilles *m*
needle float pointeau *m*
needle-nosed pliers pince à bec fin *f*

needle roller roulement à aiguilles *m*
needle seating [*in float*] siège du pointeau *m*
needle valve pointeau *m*
negative camber angle de carrossage négatif *m*
negative offset déport négatif *m*
neutral [*gear*] point mort *m*
neutral steer direction neutre *f*
Newton clutch embrayage Newton *m*
nickel-cadmium battery batterie au nickel-cadmium *f*
night driving conduite de nuit *f*
nipple graisseur *m*
nitrogen gas spring ressort pneumatique *m*
nitrogen oxide oxyde d'azote *m*
no claims bonus bonus *m*; ***loss of no claims bonus*** malus *m*
nodular iron fer nodulaire *m*
noise-absorbing insonorisé
noise insulation insonorisation *f*
noise level niveau sonore *m*
noise refinement amortissement des bruits *m*
no-maintenance battery batterie sans entretien *f*
nominal capacity capacité nominale *f*
nominal diameter diamètre nominal *m*
nominal speed vitesse nominale *f*
nominal voltage tension nominale *f*
non-driving end [*of engine*] côté distribution *m*
non-driving hub moyeu libre *m*
non-driving side [*of chain*] côté non-menant *m*
non-return valve clapet anti-retour *m*
nozzle holder porte-injecteur *m*
nozzle needle aiguille d'injecteur *f*
nozzle orifice buse d'injecteur *f*, téton d'injection *m*
nozzle spring ressort d'injecteur *m*
nozzle valve aiguille d'injecteur *f*
nudge bar barre de calandre *f*
number plate plaque minéralogique *f*, plaque d'immatriculation *f*
number plate light éclairage de plaque minéralogique *m*
nut écrou *m*

O

occasional seat [*behind front seats*] strapontin *m*
octane octane *m*
octane number indice d'octane *m*
odometer *Am* odomètre *m*
offence infraction *f*

off-highway tout-terrain, hors-route
off-ramp [*from motorway*] bretelle de sortie *f*
off-road tout-terrain
off-roader tout-terrain *m*
off-the-road vehicle véhicule tout terrain *m*
offset [*of wheel*] déport *m*
offset décalé
offset gudgeon pin axe de piston déporté *m*
offside [*of car*] côté droit *m*; [*in France, USA*] côté gauche *m*
ohc engine (= OverHead Camshaft engine) moteur ACT *m*
ohm ohm *m*
ohmmeter ohmmètre *m*
oil huile *f*
oil can bidon d'huile *m*
oil change vidange d'huile *f*
oil consumption consommation d'huile *f*
oil consumption control contrôle de la consommation d'huile *m*
oil (control) ring segment racleur *m*
oil cooler refroidisseur d'huile *m*
oil dipstick jauge d'huile manuelle *f*
oil distribution gallery rampe de distribution d'huile *f*
oil drain écoulement d'huile *m*
oil drain hole orifice d'écoulement d'huile *m*
oil drain plug bouchon de vidange *m*
oil engine moteur à allumage par compression *m*
oil film film d'huile *m*
oil filter filtre à huile *m*
oil filtration filtration d'huile *f*
oil flow circulation d'huile *f*
oil gallery passage d'huile *m*
oil gauge jauge d'huile *f*
oil hole trou de graissage *m*
oil impeller turbine de retour d'huile *f*
oil jet gicleur d'huile *m*
oil-level dipstick jauge d'huile manuelle *f*
oil-level indicator jauge d'huile *f*
oil-level warning light témoin de niveau d'huile moteur *m*
oil mist nuage d'huile *m*
oil passage passage de l'huile *m*
oil pressure pression d'huile *f*
oil pressure gauge indicateur de pression d'huile *m*, manomètre de pression d'huile *m*
oil pressure inlet arrivée de la pression d'huile *f*
oil pressure switch manocontact d'huile *m*
oil pressure warning light témoin d'alerte de pression d'huile moteur *m*
oil pump pompe à huile *f*
oil pump strainer crépine d'huile *f*
oil relief valve soupape de décharge d'huile *f*
oil retainer réservoir d'huile *m*
oil scraper-ring segment racleur *m*
oil seal joint d'huile *m*
oil sump carter d'huile *m*
oil temperature gauge indicateur de température d'huile *m*
oilway passage d'huile *m*
olive olive *f*
oncoming [*traffic*] en sens inverse
on-ramp [*to motorway*] bretelle d'accès *f*
on-road [*performance*] sur route
on-the-spot fine amende immédiate *f*

one-touch electric windows lève-vitre électrique à commande tactile *m*
one-way check-valve valve d'arrêt à clapet anti-retour *f*
one-way clutch embrayage unidirectionnel *m*
one-way street rue à sens unique *f*
one-way valve clapet anti-retour *m*
open [*car*] décapoté
open circuit circuit ouvert *m*
open combustion chamber chambre à injection directe *f*
open-ended spanner clé ouverte *f*
open-top décapotable
open-topped bus autobus à impériale *m*
open-type head restraint appui-tête ajouré *m*
opening flank [*of cam*] face d'ouverture *f*
opposed piston engine moteur à pistons opposés *m*
opposite lock contre-braquage *m*; ***to apply opposite lock*** contre-braquer
optical pulse generator générateur optique d'impulsions *m*
optics optique *f*
optimal driving conditions conditions optimales de circulation *fpl*
Orange Badge vignette orange pour les conducteurs handicapés *f*
orbital road boulevard périphérique *m*
orifice tube tube à orifice *m*
o-ring seal joint torique *m*
oscillation oscillation *f*
Otto cycle cycle Beau de Rochas *m*
outboard [*brakes*] non suspendu
outlet port orifice de sortie *m*
outlet valve [*of fuel pump*] soupape d'échappement *f*
output [*of engine, generator*] puissance *f*; [*of pump*] débit *m*
output shaft arbre de sortie *m*
output torque couple en sortie *m*
outside temperature display affichage de la température extérieure *m*
oval piston piston ovale *m*
ovality ovalisation *f*
over-correction [*of air/fuel ratio*] sur-correction *f*
overdrive overdrive *m*
overflow trop-plein *m*
overflow pipe tuyau de trop-plein *m*
overhang porte-à-faux *m*
overhaul [*of engine*] révision *f*
overhead camshaft arbre à cames en tête *m*
overhead document tray porte-documents au plafond *m*
overhead valve soupape en tête *f*
overhead-valve engine moteur à soupapes en tête *m*
to **overheat** surchauffer
overheating surchauffe *f*
over-inflation surgonflage *m*
overlap [*valve overlap*] balayage *m*
overlay [*coating on metal*] revêtement *m*
overpass pont autoroutier *m*
overrider butoir de pare-chocs *m*
overrun valve limiteur de régime *m*
overspeeding [*of engine*] sur-régime *m*
oversquare engine moteur super carré *m*
oversteer comportement survireur *m*, survirage *m*
to **oversteer** survirer; ***a car that***

oversteers une voiture survireuse
to **overtake** doubler, dépasser
overtaking dépassement *m*
overturn [*accident*] tonneau *m*
overturning [*accident*] capotage *m*
overturning couple moment d'inertie polaire *m*
oxidation inhibitor inhibiteur d'oxydation *m*
oxidization catalytic converter convertisseur catalytique à oxydation *m*
to **oxidize** oxyder
oxygen sensor capteur d'oxygène *m*
ozone-friendly qui ne nuit pas à la couche d'ozone, qui préserve la couche d'ozone

P

pace allure *f*
packing ring presse-étoupe *m*
pad [*for brake*] plaquette *f*
paint finish finition *f*
paint shop atelier de peinture (de carrosserie) *m*
paintwork peinture *f*
panel panneau *m*
panel truck fourgonnette *f*
panel van camionnette *f*
Panhard rod barre Panhard *f*
panoramic rear window lunette arrière panoramique *f*
paper filtering element élément filtrant en papier *m*
parabolic reflector réflecteur parabolique *m*
parabolic spring ressort parabolique *m*
parallel beam faisceau parallèle *m*
parcel shelf tablette *f*
park [*gear*] stationnement *m*
to **park** *vi* stationner, se garer
to **park** *vt* garer
parked stationné
parking stationnement *m*
parking area aire de stationnement *f*
parking brake frein de stationnement *m*
parking fine amende de stationnement (interdit ou réglementé) *f*
parking light feu de stationnement *m*, feu de stop *m*
parking lock [*on automatic gearbox*] position parking *f*
parking lot *Am* parking *m*
parking meter parcmètre *m*
parking pawl cliquet d'arrêt de parking *m*
parking zone zone de stationnement *f*
particulate emissions émission de

particules *f*
particulate trap piège à particules *m*
part-load operation fonctionnement en charge partielle *m*
part-throttle operation fonctionnement en accélération partielle *m*
partition cloison *f*
parts list nomenclature *f*
to **pass** dépasser
passenger passager *m*
passenger assist handle poignée de maintien *f*
passenger car voiture *f*, automobile *f*
passenger compartment habitacle *m*
passenger safety cage habitacle de sécurité *m*
passenger survival cell cellule de survie *f*
passenger wagon voiture familiale *f*
passive safety sécurité passive *f*
pawl cliquet *m*
pay and display [*carpark*] parking à horodateur *m*
payload charge utile *f*
to **pay out** [*seatbelt*] dérouler
PCV = Positive Crankcase Ventilation
pd = Potential Difference
peak [*power, torque*] maximum
peak-to-peak crête-à-crête
pearlescent paint peinture nacrée *f*
pedal pédale *f*
pedal pressure pression sur la pédale *f*
pedestrian piéton *m*
pedestrian-controlled crossing passage piéton à bouton d'appel *m*
pedestrian crossing passage piéton *m*
pedestrian precinct zone piétonne *f*, zone piétonnière *f*
penalty point [*on licence*] point *m*
penetrating oil dégrippant *m*
pent roof combustion chamber chambre de combustion à toit en pente *f*
people carrier monospace *m*
perforation warranty garantie anti-corrosion *f*
performance performance *f*
performance car voiture haute performance *f*
perimeter alarm alarme périmétrique *f*
Perkins Prima combustion chamber chambre de combustion Perkins Prima *f*
permanent four-wheel drive quatre roues motrices permanentes *fpl*
personalized registration number numéro d'immatriculation personnalisé *m*
petrol essence *f*
petrol-air emulsion émulsion pétrole-air *f*
petrol can jerrican *m*
petrol company compagnie pétrolière *f*
petrol filler cap bouchon d'essence *m*
petrol filler pipe tuyau de remplissage d'essence *m*
petrol gauge jauge d'essence *f*
petrol injection injection d'essence *f*
petrol jet gicleur de carburant *m*
petrol-powered à essence
petrol-proof adhesive adhésif

résistant à l'essence *m*
petrol pump pompe à essence *f*
petrol station station d'essence *f*
petrol tanker pétrolier *m*
petrol vapour vapeur d'essence *f*
petroleum pétrole *m*
petroleum jelly vaseline *f*
phase angle angle de phase *m*
phosphorus phosphore *m*
photodiode photodiode *f*
photo-transistor photo-transistor *m*
pick-up [*of clutch*] reprise *f*
pick-up coil bobine exploratrice *f*, bobine réceptrice *f*
pick-up truck pick-up *m*
pillar support *m*
pilot jet gicleur de ralenti *m*
pin goupille *f*
pin punch chasse-goupilles *m*
pinion pignon *m*
pinion engaging lever levier d'engrènement *m*
pinking cliquetis *m*
Pintaux injector injecteur Pintaux *m*
Pintaux nozzle injecteur Pintaux *m*
pintle nozzle injecteur à téton *m*
pipe tuyau *m*
piston piston *m*
piston crown tête de piston *f*
piston dwell temps d'immobilité du piston *m*
piston engine moteur à pistons *m*
piston flutter flottement du piston *m*
piston head tête de piston *f*
piston pin axe de piston *m*
piston ring segment (de piston) *m*
piston ring compressor collier à segments *m*
piston rod tige de piston *f*
piston skirt jupe de piston *f*
piston slap claquement du piston *m*
piston speed vitesse de piston *f*
piston stroke course du piston *f*
piston walls parois du piston *fpl*
pitch [*movement*] tangage *m*
to **pitch** tanguer
pitman arm levier de direction *m*
pitted valve soupape piquée *f*
pitting piquage *m*
pivot pivot *m*
pivot pin pivot de direction *m*
plain bearing coussinet *m*, palier lisse *m*
plain bush douille lisse *f*
plain valve guide guide de soupape lisse *m*
planet carrier porte-satellites *m*
planet gear *or* **pinion** satellite *m*
planetary gearing engrenage à train planétaire *m*
plate valve soupape plate *f*
platform plate-forme *f*
platinum platine *m*
play jeu *m*
plenum chamber chambre d'air *f*
pliers pince *f*
plip key "plip" *m*
plug [*spark plug*] bougie *f*; [*electrical*] fiche mâle *f*; [*in radiator, sump etc*] bouchon *m*
plug gap écartement des électrodes *m*
plug spanner clé à bougies *f*
plumb-line verticale *f*
plunge joint joint coulissant *m*
plunger piston plongeur *m*; [*in lock*] bonhomme de verrouillage *m*
plunger pump pompe à piston *f*
ply pli *m*, nappe *f*
ply rating ply-rating *m*
pneumatic governor régulateur

pneumatique *m*
pneumatic jack vérin pneumatique *m*
pneumatic tyre pneumatique *m*
point load contrainte ponctuelle *f*
point of contact [*of clutch*] point de contact *m*
point of ignition point allumage *m*, point d'éclair *m*
point of port closure point de fermeture de l'orifice *m*
pointed-nose pliers pince à bec pointu *f*
points contacts de rupteur *mpl*
polarity polarité *f*
police radar radar de police *m*
pollen filter filtre à pollen *m*
pollutant polluant *m*
pollution pollution *f*
poly-ellipsoid headlight projecteur poly-ellipsoïde *m*
polymer-reinforced wax cire aux polymères *f*
polypropylene polypropylène *m*
poor visibility faible visibilité *f*
pop-up sunroof toit ouvrant dépliant *m*
poppet valve soupape en champignon *f*
port orifice *m*, lumière *f*
positive castor chasse positive *f*
positive crankcase ventilation ventilation positive du carter *f*
positive drive [*during braking*] entraînement positif *m*
positive suction lift hauteur d'aspiration positive *f*
post-ignition auto-allumage *m*
potential difference différence de potentiel *f*
potentiometer potentiomètre *m*
pothole nid de poule *m*
pounds per square inch livres par pouce carré *fpl*
pour point point de coulée *m*
power-assistance servo-assistance *f*
power-assisted steering direction assistée *f*
power box [*for airbag*] boîtier d'alimentation *m*
power brakes freins assistés *mpl*
power braking assistance de freinage *f*
power flow [*path taken by drive as it passes through gearbox*] transmission du mouvement *f*
power-operated windows lève-vitre électrique *m*
power output puissance effective *f*
power plant groupe motopropulseur *m*
power steering direction assistée *f*
power steering fluid liquide de direction assistée *m*
power steering pump pompe d'assistance pour la direction *f*
power steering reservoir réservoir de servo-direction *m*
power stroke temps explosion *m*, temps détente *m*
power system [*varies mixture strength in carburettor*] système de richesse *m*
power take-off prise de mouvement *f*
powertrain groupe motopropulseur *m*
power unit ensemble moteur-boîte *m*, groupe propulseur *m*
precessional torque couple de précession *m*
to **precoat** apprêter
precombustion chamber chambre de précombustion *f*, préchambre *f*

pre-filter préfiltre *m*
to **pre-finish** appliquer la pré-finition à
pre-focus bulb ampoule à préconcentration *f*
pre-heater dispositif de préchauffage *m*
pre-heater warning light indicateur de préchauffage *m*
pre-heating préchauffage *m*
pre-heating system circuit de préchauffage *m*
pre-ignition pré-allumage *m*
pre-load précharge *f*
pre-lubricated prélubrifié
premium grade petrol supercarburant *m*, super *m*
premium unleaded super sans plomb *m*
pre-selector pré-sélecteur *m*
pre-selector gearbox boîte à présélection *f*
press fit ajustement à la presse *m*
pressed steel acier embouti *m*
pressed steel body carrosserie en acier embouti *f*
pressing pièce matricée *f*
pressure pression *f*; ***under pressure*** sous pression
pressure cap [*on expansion tank*] bouchon de pressurisation *m*
pressure chamber chambre de pression *f*
to **pressure-charge** suralimenter
pressure-charged suralimenté
pressure-charging suralimentation *f*
pressure gauge manomètre *m*
pressure hose tuyau de pression *m*
pressure increase augmentation de pression *f*
pressure indicator indicateur de pression *m*
pressure limiting valve clapet de limitation de pression *m*
pressure maintain [*phase of ABS*] maintien de la pression *m*
pressure plate plateau de pression *m*
pressure pulse [*hyraulic*] coup de bélier *m*; [*in manifold*] pulsation *f*
pressure pump pompe à pression *f*
pressure reduction [*phase of ABS*] réduction de la pression *f*
pressure regulator régulateur de pression *m*
pressure regulator valve régulateur de pression *m*
pressure relief valve soupape de décharge *f*
pressure ring segment d'étanchéité *m*
pressure-sensed mesuré par pression, à détection par pression
pressure setting réglage de pression *m*
pressure storage cylinder bouteille de réserve de pression *f*
pressure switch [*senses oil pressure*] manocontact *m*
pressure take-off point point de montée en pression *m*
pressure test test de pression *m*
pressure-wave supercharging suralimentation par onde de pression *f*
to **pressurize** pressuriser
prewash prélavage *m*
primary balance équilibre primaire *m*
primary barrel [*in twin-barrel carburettor*] fût primaire *m*
primary current courant primaire *m*
primary filter filtre primaire *m*

primary force force primaire *f*
primary pressure regulator régulateur de pression primaire *m*
primary regulator régulateur principal *m*
primary safety sécurité primaire *f*
primary shaft arbre primaire *m*
primary shoe segment primaire *m*
primary throttle volet primaire *m*, papillon primaire *m*
primary winding enroulement primaire *m*
to **prime** [*pump*] amorcer
primer [*paint*] apprêt *m*
production car voiture de série *f*
production plant usine de production *f*
profile profil *m*; [*of tyre*] flanc *m*
profile ratio rapport de profil *m*
progression [*of brakes*] progression *f*
progression jet jet progressif *m*
progressive action linkage liaison à action progressive *f*
progressive spring ressort progressif *m*
propane propane *m*
propeller shaft arbre de transmission *m*
proportioner répartiteur *m*
propshaft arbre de transmission *m*
propulsion propulsion *f*
protective coating enduit protecteur *m*
protective cover housse de protection *f*
prototype prototype *m*
provisional (driving) licence permis d'élève conducteur *m*, permis provisoire *m*
psi = Pounds per Square Inch
public transport transports en commun *mpl*
public transport vehicle véhicule des transports en commun *m*
pull [*in gears*] traction *f*
pulley poulie *f*
pulling power puissance de traction *f*
pulse generator générateur d'impulsions *m*
pump pompe *f*
to **pump** pomper
pump-assisted cooling system circuit de refroidissement à pompe *m*
pump delivery outlet sortie de pompe *f*
pump jet gicleur de pompe *m*
pump plunger piston de pompe *m*
pump shaft arbre de pompe *m*
pumping chamber chambre de pompage *f*
pumping losses pertes par pompage *fpl*
puncture crevaison *f*
punctured crevé
to **purge** purger
to **push** pousser
push button bouton-poussoir *m*
push fit montage à la presse *m*
pushlock serrure à bouton-poussoir *f*
push/pull hand control [*for disabled driver*] commande manuelle pousser-tirer *f*
pushrod tige poussoir *f*, tige de poussée *f*, tige de culbuteur *f*
pushrod overhead valve soupape en tête avec tige de culbuteurs *f*
to **put up the hood** recapoter
PVC (= PolyVinyl Chloride) PVC *m*
pyrene pyrène *m*

Q

quadrant quadrant *m*
quarter elliptic spring ressort à lames semi-elliptiques *m*
quarterlight déflecteur de porte avant *m*
quarterwindow glace de custode *f*, custode *f*
quartz clock montre à quartz *f*
quartz-halogen halogène à quartz
quickshift gearchange changement de vitesse rapide *m*

R

RAC = Royal Automobile Club
race course (automobile) *f*; [*for bearings*] chemin de roulement *m*
to **race** *vi* [*engine*] s'emballer
racing car voiture de course *f*
rack and pinion crémaillère *f*
rack and pinion steering direction à crémaillère *f*
rack and pinion steering box boîtier de direction à crémaillère *m*
rack link tige de crémaillère *f*
radar beam [*to detect speed*] faisceau radar *m*
radar detector détecteur de radar *m*
radar speed check contrôle radar *m*
radial ball bearing roulement à billes radial *m*
radial-flow fan ventilateur radial *m*
radial groove rainure radiale *f*
radial-ply à structure radiale
radial-ply carcass carcasse radiale *f*
radial(-ply) tyre pneu radial *m*, pneu à structure radiale *m*
radial runout voile radiale *f*
radial vane [*on impeller*] ailette radiale *f*
radiation radiation *f*,

rayonnement *m*
radiator radiateur *m*
radiator blind rideau de radiateur *m*
radiator cap bouchon de radiateur *m*
radiator core faisceau de radiateur *m*
radiator core support support central du radiateur *m*
radiator grille calandre *f*, grille de radiateur *f*
radiator matrix faisceau de radiateur *m*
radiator shutter rideau de radiateur *m*
radio-cassette player radio-cassette *f*
radio/CD player radio lecteur CD *m*
radio data system système radio de transmission de données *m*
radius rayon *m*
radius arm *or* **rod** barre de réaction *f*, bielle de poussée *f*
rail [*gearbox*] réglette *f*
rake adjustment réglage de l'inclinaison *m*
rake and reach adjustment réglage de l'inclinaison *m*
rally rallye *m*
ram air air forcé *m*
ram air induction introduction d'air par forçage *f*
ram cylinder vérin *m*
ram effect effet de bourrage *m*, effet de forçage *m*
ramp [*access road*] bretelle d'accès *f*; [*unevenness on road surface*] dos d'âne *m*; [*to slow vehicle down*] ralentisseur *m*
range [*of car on tank of petrol*] autonomie *f*
range at touring autonomie en vitesse de croisière *f*
ratchet rochet *m*, cliquet *m*
ratchet cylinder vérin à cliquet *m*, vérin à rochet *m*
ratchet handle clé à cliquet *f*
ratchet screwdriver tournevis porte-embouts *m*
rated power puissance nominale *f*
RDS = Radio Data System
reach [*of spark plug thread*] longueur de filetage *f*, hauteur de filetage *f*
reaction valve valve modulatrice *f*
reading light lampe de lecture *f*
to **ream** aléser
rear axle essieu arrière *m*
rear bearing palier arrière *m*
rear brakes freins arrière *mpl*
rear-drive à traction arrière
rear drive axle pont arrière *m*
rear engine moteur à l'arrière *m*
rear hatch hayon arrière *m*
rear impact choc arrière *m*
rear impact test test de choc arrière *m*
rear lamp feu arrière *m*
rear lamp guard protection des feux arrière *f*
rear light cluster bloc des feux arrière *m*
rear load cover cache-bagage *m*
rear-mounted engine moteur à l'arrière *m*
rear overhang porte-à-faux arrière *m*
rear quarterlight déflecteur arrière *m*
rear screen lunette arrière *f*
rear seat banquette arrière *f*
rear spoiler aileron arrière *m*, spoiler arrière *m*
rear suspension suspension

arrière *f*
rear view mirror rétroviseur *m*, rétro *m*
rear visibility visibilité arrière *f*
rear-wheel drive propulsion arrière *f*
rear-wheel steering roues arrière directrices *fpl*
rear window lunette arrière *f*
rear wing aileron arrière *m*
rebore réalésage *m*
to **rebore** réaléser
rebound stroke course de rebond *f*
receiver-drier récepteur-assécheur *m*
to **recharge** recharger
recharge time temps de recharge *m*
reciprocating engine moteur alternatif *m*
reciprocating piston compressor compresseur alternatif à pistons *m*
reciprocating piston engine moteur alternatif à pistons *m*
recirculated air air recyclé *m*
recirculated-air setting réglage de recirculation d'air *m*
recirculating ball power steering direction assistée à circulation de billes *f*
recirculating ball steering direction à recirculation de billes *f*
recirculating ball steering box boîtier de direction à recirculation de billes *m*
reckless driver chauffard *m*
reclining seat siège inclinable *m*
recombustion recombustion *f*
reconditioned engine moteur rénové *m*
to **recouple** [*engine*] réaccoupler
recovery service service de dépannage *m*
recovery vehicle véhicule de secours *m*, véhicule de dépannage *m*, dépanneuse *f*
recreational vehicle camping-car *m*
rectifier redresseur *m*
red zone zone rouge *f*
reduction gears réducteur *m*
reduction ratio rapport de réduction *m*, rapport de démultiplication *m*
reflector catadioptre *m*, cataphote *m*; [*on sign*] réflecteur *m*
refrigerant oil huile réfrigérante *f*
regenerative braking freinage à régénération *m*
to **register** immatriculer
registration documents ≈ carte grise *f*
registration number numéro d'immatriculation *m*
regulator régulateur *m*
regulator valve régulateur *m*
reinforcement renfort *m*
relay relais *m*
to **release** [*handbrake*] desserrer
release bearing butée d'embrayage *f*
release fork fourchette de débrayage *f*
release lever levier de débrayage *m*
relief valve soupape de décharge *f*, clapet de décharge *m*
reluctance réluctance *f*
remote control télécommande *f*
remote-control alarm alarme télécommandée *f*
remote-control locking verrouillage à distance *m*
remote lever [*for boot*] levier de commande intérieur *m*

remould pneu remoulé *m*
removable amovible
rented vehicle véhicule de location *m*
repair réparation *f*
to **repair** réparer
repair kit nécessaire de réparation *m*
repeater lamp clignotant latéral *m*
replacement part pièce détachée *f*
research octane number indice d'octane recherché *m*
reserve well réserve *f*
reservoir [*for brake etc*] réservoir *m*
residual gas gaz résiduel *m*
resin résine *f*
resin-impregnated paper papier imprégné de résine *m*
resistance résistance *f*
resistance to oxidation tenue à l'oxydation *f*
resistor résistance *f*
resonance chamber [*in silencer*] pot de résonance *m*
resonating chamber pot de résonance *m*, chambre de résonance *f*
resonator résonateur *m*
to **respond** [*engine*] réagir
responsive [*engine*] nerveux
respray: to do a respray repasser une couche
to **respray** repeindre
restricted passage conduit étranglé *m*
Retail Motor Industry Federation ≈ fédération des concessionnaires automobiles *f*
retaining pin bague d'arrêt d'axe *f*
retaining ring plaquette de fixation *f*
to **retard the ignition** retarder l'allumage
retarder [*system brake*] ralentisseur *m*
retarding action ralentissement *m*
retractable escamotable
retread pneu rechapé *m*
return cable câble de retour (à la masse) *m*
return spring ressort de rappel *m*
to **rev** *vi* [*of engine*] monter en régime, s'emballer
to **rev** *vt* faire ronfler, emballer
rev counter compte-tours *m*
rev limiter limiteur de régime *m*
rev range plage de régime *f*
reverse marche arrière *f*
to **reverse** faire marche arrière, reculer
reverse detent sécurité de marche arrière *f*
reverse gear marche arrière *f*; [*gearwheel*] pignon de marche arrière *m*
reverse idler pignon de renvoi de marche arrière *m*
reverse ratio rapport arrière *m*
reversed-elliot stub axle essieu inversé à chapes ouvertes *m*
reversible ratchet drive entraînement à cliquet réversible *m*
reversing beeper *or* **bleeper** avertisseur de marche arrière *m*
reversing lamp feu de recul *m*
revolution [*of crankshaft*] régime *m*
revolutions per minute tours par minute *mpl*, tours/minute *mpl*
rheostat rhéostat *m*
rheostat heater blower ventilateur de chauffage à rhéostat *m*
rhodium rhodium *m*
rich mixture mélange riche *m*

richness [*of fuel*] richesse *f*
ride [*drive*] promenade en voiture *f*; [*comfort of suspension etc*] qualités routières *fpl*
ride absorbency absorption des inégalités de la route *f*
right-hand drive conduite à droite *f*
right of way priorité *f*
rigid roof toit rigide *m*
rigid spacer entretoise rigide *f*, cale rigide *f*
rim jante *f*
rim diameter diamètre de jante *m*
ring [*of piston*] segment *m*
ring belt collier à segments *m*
ring gear couronne *f*
ring groove cannelure *f*
ring of frictional material garniture de friction *f*
ring road périphérique *m*
ring spanner clé à œil *f*
rinse rinçage *m*
riser [*air bleed*] tube d'emulsion *m*
rivet rivet *m*
to **rivet** river, riveter
road route *f*
road feel sensation au volant *f*
road fund tax taxe routière *f*
road haulage camionnage *m*
roadholding tenue de route *f*, tenue de cap *f*
road map carte routière *f*
road marking marquage au sol *m*
road noise bruit de roulement *m*
road rescue services services de secours routiers *mpl*
road safety sécurité routière *f*
road shock secousse *f*
roadside assistance assistance dépannage *f*
roadside camera caméra en bord de route *f*
roadside recovery dépannage *m*
road sign panneau (de signalisation) *m*
road signs [*markings and signs*] équipement routier *m*
road tax taxe routière *f*
road test test de roulage *m*
road testing essai routier *m*
road traffic circulation routière *f*
Road Traffic Act loi de la circulation routière *f*
road train train routier *m*
road transport transports routiers *mpl*
road/tyre noise bruit de roulement *m*
road wheel roue *f*
road wheel hub moyeu de roue *m*
roadworthy en état de marche
roadster roadster *m*
robot robot *m*, automate *m*
robotic system système robotique *m*
robotics robotique *f*
rocker culbuteur *m*
rocker arm culbuteur *m*
rocker arms culbuteurs *mpl*, culbuterie *f*
rocker box *or* **cover** cache-culbuteur *m*
rocker operated valve train soupape culbutée *f*
rocker shaft bras oscillant *m*
rod tige *f*; [*of piston*] bielle *f*
roll roulis *m*
to **roll** [*seams of tank*] rouler, former par roulage
roll axis axe de roulis *m*
roll bar arceau de sécurité *m*
roll cage cage de roulement *f*
roll centre centre de roulis *m*
roll-over tonneau *m*
roll-over framework arceau de

sécurité *m*
roll-over test test de tonneaux *m*
roll stiffness résistance au roulis *f*
roller [*clutch*] galet *m*
roller bearing roulement à rouleaux *m*
roller blind rideau à enrouleur *m*
roller follower galet de direction *m*
roller tappet poussoir à galet *m*
roller-type pump pompe à galet *f*
rolling couple couple de roulis *m*
rolling radius rayon de roulement *m*
rolling resistance résistance au roulement *f*
rolling road banc à rouleaux *m*
RON = Research Octane Number
roof toit *m*; [*roof panel*] pavillon *m*
roof bar barre de toit *f*
roof lining revêtement de plafond *m*
roof panel pavillon *m*
roof pillar montant de toit *m*
roof rack galerie *f*
roof rail galerie de toit *f*
roof spoiler déflecteur *m*
roof trim strip baguette de pavillon *f*
root [*of crown wheel*] fond de dent *m*
Roots blower compresseur Roots *m*
rotary choke starter rotatif *m*
rotary engine moteur rotatif *m*
rotary fuel injection pump pompe d'injection rotative *f*
rotary motion mouvement de rotation *m*
rotary pump pompe rotative *f*
rotary swirl tourbillon *m*
rotary valve soupape rotative *f*
rotary vane compressor compresseur à vanne rotative *m*
to **rotate** tourner
rotating vortex ring of oil anneau vortex d'huile *m*
rotation [*of wheel*] rotation *f*
rotor rotor *m*
rotor arm rotor de distributeur *m*, doigt de distribution *m*, doigt disrupteur *m*
rotor gear denture *f*
roundabout rond-point *m*, sens giratoire *m*
route parcours *m*, trajet *m*
route sign [*confirms correct direction*] signal de direction *m*
Royal Automobile Club ≈ Touring Club de France *m*
R-plate plaque de limitation de vitesse *f*
rpm (= Revolutions Per Minute) tr/mn *mpl*
RTA = Road Traffic Act
rubber caoutchouc *m*
rubber boot soufflet protecteur *m*
rubber drive coupling accouplement élastique *m*
rubber insulation mounting liaison élastique *f*
rubber joint joint en caoutchouc *m*
rubber seal [*on window*] encadrement en caoutchouc *m*
rubber sleeve manchon en caoutchouc *m*
rubber suspension suspension en caoutchouc *f*
rubbing speed vitesse de contact *f*
rumble ronflement *m*
to **run** [*engine*] tourner
to **run in** roder
to **run on** [*of engine*] faire de l'auto-allumage
to **run wide** [*wheels*] avoir de l'ouverture
run-flat [*tyre*] anti-crevaison

run-out faux-rond *m*
runner [*for seats*] glissière *f*
running [*engine*] en marche
running board marchepied *m*
running conditions conditions d'utilisation *fpl*
running costs [*of car*] coût de revient *m*
running gear châssis équipé *m*
running in rodage *m*
running on [*of engine*] auto-allumage *m*
rust rouille *f*
rust corrosion rouille *f*
rust-resistant anti-rouille
RV = Recreational Vehicle

S

SAE (= Society of Automotive Engineers) SAE *f*
SAE rating classe de viscosité SAE *f*
safeguard system système de sécurité *m*
safety belt retractor enrouleur de ceinture *m*
safety cage habitacle de sécurité *m*
safety catch [*on bonnet*] crochet de sécurité *m*; [*on door*] cran d'arrêt *m*
safety cell cellule de sécurité *f*
safety features aménagements de sécurité *mpl*, dispositifs de sécurité *mpl*
safety glass verre de sécurité *m*
safety harness harnais de sécurité *m*
safety rim jante de sécurité *f*
sag [*of shaft*] fléchissement *m*
saloon berline *f*
to **sand-blast** décaper à la sableuse
SC = Spark Control
scanner [*to break alarm codes*] scanner *m*
to **scavenge** [*combustion chamber*] balayer
scavenge pump pompe de balayage *f*
Schrader valve soupape Schrader *f*
scooter scooter *m*
scoring [*on piston*] rayures (d'usure) *fpl*
scraper racloir *m*
scraper ring segment racleur *m*
scratch éraflure *f*
screeching crissement *m*
screen [*on filter*] tamis *m*
screen pillar montant de pare-brise *m*
screen wash lave-glace *m*
screen washer nozzle gicleur de lave-glace *m*
screw vis *f*
screw and nut steering box boîtier

de direction à vis et écrou *m*
screwdriver tournevis *m*
screw thread filet *m*, filet de vis *m*
screwed vissé
screwed ring bague filetée *f*
scroll spirale *f*
scroll-type oil retainer réservoir d'huile à spirale *m*
scrub(bing) [*of tyre*] frottement *m*
scrub radius rayon de frottement *m*
scuffing [*on piston*] rayures (d'usure) *fpl*
scuttle hublot *m*
seal joint *m*
seal ring bague d'étanchéité *f*
sealant produit d'étanchéité *m*
sealed beam bloc optique *m*
sealed beam unit bloc optique *m*
sealed cooling system circuit de refroidissement pressurisé *m*
sealed fuel system circuit de carburant étanche *m*
sealing compound produit d'étanchéité *m*
sealing ring joint d'étanchéité *m*
sealing surface surface de contact *f*
seam [*of tank*] joint *m*
seat siège *m*
seatback dossier *m*
seatbelt ceinture de sécurité *f*
seatbelt pre-tensioner pré-tenseur de ceinture *m*
seat cushion coussin de siège *m*
seat foam mousse de siège *f*
seat height adjustment réglage en hauteur des sièges *m*
seat shell coque de siège *f*
seating sellerie *f*; [*of valve*] siège de soupape *m*
second (gear) seconde (vitesse) *f*
second gear deuxième vitesse *f*; [*gearwheel*] pignon de deuxième *m*
secondary balance équilibre secondaire *m*
secondary barrel fût secondaire *m*
secondary cup coupelle secondaire *f*
secondary harmonic balancer équilibreur harmonique secondaire *m*
secondary road route secondaire *f*
secondary safety sécurité secondaire *f*
secondary shaft arbre secondaire *m*
secondary shoe segment secondaire *m*
secondary throttle volet secondaire *m*
secondary winding enroulement secondaire *m*
security bar barre de sécurité *f*
security code code confidentiel *m*
security-coded [*radio*] codé, à code de sécurité
security-coded immobilizer antidémarrage codé *m*
security cover cache-antivol *m*
security pack pack sécurité *m*
security window etching marquage antivol *m*
sedan berline *f*
seepage fuite *f*
seizure grippage *m*
selector sélecteur *m*
selector detent point dur du sélecteur *m*
selector fork fourchette de sélection *f*
selector lever levier du sélecteur *m*
selector rod coulisseau de sélection *m*
self-adjusting tappet poussoir auto-régleur *m*

self-aligning bearing roulement auto-centreur *m*
self-aligning torque couple d'auto-alignement *m*
self-centring spring ressort auto-centreur *m*
self-ignition auto-allumage *m*
self-inductance auto-inductance *f*
self-levelling control correcteur d'assiette *m*
self-levelling suspension suspension à correction d'assiette *f*
self-lubricated auto-lubrifié
self-lubricating auto-lubrifiant
self-parking [*wipers*] à retour automatique
self-priming auto-amorçant
self-repairing bumper pare-chocs auto-réparable *m*
self-righting power force auto-corrective *f*
self-servo servocommande *f*
semi-active suspension suspension semi-active *f*
semi-automatic transmission transmission semi-automatique *f*
semi-conductor semi-conducteur *m*
semi-drop centre rim jante à base semi-creuse *f*
semi-elliptic leaf spring ressort à lames semi-elliptique *m*
semi-floating semi-flottant
semi-Hotchkiss drive transmission semi-Hotchkiss *f*
semi-trailer semi-remorque *f*
semi-trailing arm bras de suspension semi-longitudinal *m*
sender unit émetteur *m*
sensor capteur *m*, sonde *f*
separator séparateur *m*
series: in series en série
series winding enroulement en série *m*
series-wound generator génératrice à enroulements en série *f*
series-wound motor moteur à enroulements série *m*
serrated en dents de scie
serration dentelure *f*
service révision *f*, entretien *m*
to **service** entretenir, réviser
service history historique d'entretien *m*
service manual manuel d'entretien *m*
service network réseau de centres techniques *m*
service record fiche d'entretien *f*
service station station-service *f*
servicing révision *f*, entretien *m*
servicing booklet [*with used car*] carnet d'entretien *m*
servo servo-commande *f*
servo-assistance servo-assistance *f*
servo-assisted brake servo-frein *m*
servo-brake servo-frein *m*
servo-unit servo-commande *m*
servo-valve servo-valve *f*
seven-seater sept places *f*
sfc = Specific Fuel Consumption
shackle jumelle *f*
shadeband bande pare-soleil *f*
shaft arbre *m*
shaft pin fusée *f*
shaft-to-shaft viscous coupling accouplement visqueux direct *m*
shampoo shampoing *m*
shatter detector alarm alarme anti-bris de glace *f*
shear cisaillement *m*
shear forces forces de cisaillement *fpl*
shear stress contrainte en cisaillement *f*

shearing load charge en cisaillement *f*
sheet metal tôle *f*
shell carapace *f*
shield cache *m*
shielded lock serrure blindée *f*
shift valve valve de changement de vitesse *f*
shim cale *f*, cale d'épaisseur *f*
shimmy calage *m*, dandinement *m*
shock-absorbent amortissant
shock absorber amortisseur *m*
shock loading charge au choc *f*
shoe [*of brake*] mâchoire *m*
shoe adjuster régleur de mâchoire *f*
shoe anchor point fixe de mâchoire *m*
shoe expander écarteur de mâchoire *m*
shooting-brake break *m*
short circuit court-circuit *m*
to **short-circuit** *vt* court-circuiter
to **short-circuit** *vi* être court-circuité
short-circuiting court-circuitage *m*
short engine moteur nu *m*
short wheelbase empattement court *m*
shoulder [*of tyre*] épaulement *m*
showroom show-room *m*, salle d'exposition *f*
shunt winding enroulement shunt *m*
shunt wound generator générateur shunt *m*
shut-off lever levier d'arrêt *m*
shutter [*on radiator*] obturateur *m*
siamesed [*joined together*] siamois
side air vent aérateur latéral *m*
side clearance [*in piston ring*] jeu latéral *m*
side door porte latérale *f*
sidedraught carburettor carburateur horizontal *m*
side exhaust échappement latéral *m*
side force force latérale *f*
side gear pignon satellite *m*, pignon planétaire *m*
side impact choc latéral *m*
side-impact bar renfort anti-impact latéral *m*
side-impact door beam poutre de renfort de porte *f*
side lamp feu de position *m*, feu de gabarit *m*
side lights feux de position *mpl*
side member longeron *m*
side mirror rétroviseur extérieur *m*
side-on collision collision latérale *f*
side panel ridelle *f*
side repeat indicator rappel latéral de clignotant *m*
side skirts jupes latérales *fpl*
side valve engine moteur à soupapes latérales *m*
side wall [*of tyre*] flanc *m*
side wind vent latéral *m*
side window vitre latérale *f*
sight glass hublot de contrôle *m*
sign panneau de signalisation *m*
signal signal *m*
to **signal** signaler
signalling signalisation *f*
signpost poteau indicateur *m*
silencer silencieux *m*
silica gel dessicant crystals cristaux dessicatifs de silica-gel *mpl*
silica glass verre de silice *m*
silicone grease graisse au silicone *f*
sill bas de marche *m*
simulated urban driving simulation de conduite en ville *f*
single-acting servo servo à simple

action *m*
single-cam à came unique
single-cylinder engine moteur monocylindre *m*
single fixed-choke carburettor carburateur simple à diffuseur fixe *m*
single overhead camshaft monoarbre à cames en tête *m*
single-plate clutch embrayage monodisque *m*
single-point fuel injection injection monopoint *f*
single-reduction gearing engrenage à simple réduction *m*
single-spoke [*steering wheel*] monobranche
single-stage compressor compresseur à un seul étage *m*
single-stage converter catalyseur à un lit *m*
single-track road route à une seule voie *f*
single-tube telescopic damper amortisseur télescopique monotube *m*
single-vee belt courroie trapézoïdale simple *f*
single yellow line ≈ ligne jaune discontinue *f*
to **sinter** fritter
siphoning siphonnage *m*
six-cylinder engine moteur 6 cylindres *m*
six-seater six places *f*
60/40 split rear seat dossier de banquette arrière rabattable 60/40 *m*
skew gear pignon à denture oblique *m*
ski box coffre porte-skis *m*
ski carrier porte-skis *m*
ski flap trappe à skis *f*
ski rack porte-skis *m*
skid dérapage *m*
to **skid** patiner, déraper
skid pan terrain de dérapages *m*
skidding dérapage *m*
skirt jupe *f*
skirt clearance jeu à la jupe *m*
skirt scraper ring segment racleur sur jupe *m*
slack [*in seatbelt*] mou *m*
slack side [*of chain*] côté lâche *m*
slackness [*of fan belt*] manque de tension *m*
slave cylinder récepteur *m*
sleeve manchon *m*
sleeve valve clapet à boisseau *m*
slider [*on steering gearbox*] coulisseau *m*
sliding coulissant
sliding collar baladeur indépendant *m*
sliding gearwheel roue dentée coulissante *f*
sliding load platform plateforme de chargement coulissante *f*
sliding mesh gearbox boîte de vitesses à (pignons) baladeurs *f*
sliding selector gear bar axe de fourchette *m*
sliding sunroof toit ouvrant coulissant *m*
slip glissement *m*
to **slip the clutch** faire patiner l'embrayage
slip angle angle de dérive *m*
slip road bretelle d'accès *f*
slip liner [*cylinder liner*] chemise flottante *f*
slipper [*to damp chain flutter*] frotteur *m*
slippery glissant
slope pente *f*
to **slow down** ralentir

to **slow-run** tourner au ralenti
slow running [*of engine*] ralenti *m*
slow-running jet gicleur de ralenti *m*
slow-running outlet gicleur de ralenti *m*
slow-speed circuit circuit de basse vitesse *m*
slowing down ralentissement *m*
sludge cambouis *m*
small end [*of connecting rod*] pied *m*
small end bush bague de pied de bielle *f*
smoke fumée *f*
smooth [*engine*] souple
snail cam came en colimaçon *f*
snow chain chaîne à neige *f*
Society of Automotive Engineers ≈ société d'ingénierie automobile
socket [*tool*] douille *f*, embout *m*; [*electric*] prise *f*
socket set jeu d'embouts *m*
soft-faced hammer maillet *m*
soft plug bougie chaude *f*
soft-top décapotable *f*
to **solder** souder
solder bath bain de soudure *m*
solenoid solénoïde *m*
solenoid switch contacteur à solénoïde *m*
solenoid valve électrovanne *f*
solid-eye big end tête de bielle monobloc *f*
solid injection injcction mécanique *f*
solid skirt jupe monobloc *f*
solid-state device appareil transistorisé *m*
solvent solvant *m*
soot suie *f*
to **sound the horn** klaxonner
sound damping panel panneau insonorisant *m*
soundproofing isolation acoustique *f*, insonorisation *f*
sound system système audio *m*
space frame chassis châssis tubulaire *m*
spacer entretoise *f*, cale d'épaisseur *f*
spanner clé *f*
spare rechange *f*
spare part pièce détachée *f*, pièce de rechange *f*
spare wheel roue de secours *f*
spark étincelle *f*
spark advance correcteur d'avance *m*
spark control étincelle contrôlée *f*
spark delay retard à l'étincelle *m*
spark delay valve valve de correction d'avance *f*
spark gap écartement des électrodes *m*, éclateur *m*
spark ignition allumage par étincelle *m*
spark plug bougie *f*
spark plug spanner clé à bougies *f*
sparking déclenchement de l'étincelle *m*
sparking plug bougie *f*
sparking plug lead câble de bougie *m*
speaker enceinte *f*
specific fuel consumption consommation spécifique *f*
specifications chart fiche technique *f*
speed vitesse *f*; [*of engine*] vitesse *f*, régime *m*
to **speed** [*exceed limit*] dépasser la vitesse autorisée
speed limit limitation de vitesse *f*
speed ratio rapport de vitesse *m*

speed-sensitive power-assisted steering direction assistée sensible à la vitesse *f*
speed sensor capteur de vitesse *m*
speeding excès de vitesse *m*
speeding laws réglementation de la vitesse *f*
speedometer compteur de vitesse *m*, indicateur de vitesse *m*, tachymètre *m*
speedometer drive vis de tachymètre *f*
spherical roller bearing roulement à billes *m*
spider [*in differential*] croisillon *m*; [*of wheel*] voile *m*; [*wheelbrace*] clé en croix *f*
spider gear satellite *f*
spigot téton (de positionnement) *m*
spill port orifice de retour *m*
spin [*of driven plates*] patinage *m*
spin-on filter filtre centrifuge *m*
spindle axe *m*
spiral bevel gear engrenage hélicoïdal conique *m*
spirally ventilated disk disque ventilé en spirale *m*
splash barbotage *m*
spline cannelure *f*
splined cannelé
split bearing palier en deux parties *m*
split circuit circuit divisé *m*
split collet bague d'appui *f*
split/fold rear seat siège arrière repliable en deux parties *m*
split-line braking freinage à circuits indépendants *m*
split-line diagonally linked brake system double circuit de freinage en diagonale *m*
split pin goupille *f*
split-skirt piston piston à jupe en deux parties *m*
split-view mirror rétroviseur à double miroir *m*
splitter (box) doubleur de gamme *m*
spoiler becquet *m*, spoiler *m*
spoke wheel roue à rayons *f*
spongy [*brakes*] mou
sport mode [*on gearbox*] mode sport *m*
sports car voiture sportive *f*, sportive *f*
sports coupé coupé sport *m*
sports saloon berline sport *f*
sports seat siège sport *m*
sports steering wheel volant sport *m*
sports trim intérieur sport *m*
spot lamp projecteur à faisceau étroit *m*, spot *m*
spot weld soudure par point *f*
to **spot-weld** souder par point
sprag galet asymétrique
spray nozzle buse de vaporisation *f*
spray pattern [*of injector*] forme du jet *f*
sprayer [*injector*] atomiseur *m*, vaporisateur *m*
spraying vaporisation *f*
spring ressort *m*
spring disc disque à ressort *m*
spring fixing fixation à ressort *f*
spring-loaded à ressort
spring shackle jumelle de ressort *f*
spring steel acier à ressort *m*
spring thrust effort d'un ressort *m*
springy [*brake pedal*] flexible
sprocket pignon à chaîne *m*
sprung mass masse suspendue *f*
spur [*to motorway*] bretelle d'accès *f*, voie d'accélération *f*
spur gear engrenage à denture droite *m*

squab [*of seat*] dossier *f*
square engine moteur carré *m*
squeal [*of brake*] crissement *m*
stability stabilité *f*
stabilizer bar barre stabilisatrice *f*
staggered junction carrefour décalé *m*
stainless steel acier inoxydable *m*, inox *m*
stalk tige *f*, manette *f*
to **stall** [*engine*] caler
stall test essai de calage *m*
stand [*for bonnet*] béquille *f*
standard en série, de série, standard
to **start** démarrer; ***to start from cold*** démarrer à froid
start valve valve de démarrage *f*
starter démarreur *m*
starter gear engrenage de démarrage *m*
starter interlock verrouillage du démarreur *m*
starter jet jet de démarrage *m*
starter motor démarreur *m*
starter solenoid électrovalve de starter *f*
starter switch commande de démarreur *f*, interrupteur de démarrage *m*
starting démarrage *m*
starting circuit circuit de démarrage *m*
starting motor démarreur électrique *m*
starting switch démarreur *m*
starting torque couple de démarrage *m*
static lap belt ceinture ventrale statique *f*
static seatbelt ceinture statique *f*
station presetting programmation des stations *f*
station wagon break *m*
stationary immobile
stationary housing carter fixe *m*
stator stator *m*
stay [*for bonnet*] béquille *f*
steam vapeur *f*
steam pocket poche de vapeur *f*
steel acier *m*
steel band tringle *f*
steel belt nappe d'armature *f*
steel plate plaque d'acier *f*
to **steer** conduire
steering direction *f*
steering arm bras de direction *m*
steering box boîtier de direction *m*
steering column colonne de direction *f*
steering column height adjustment réglage en hauteur de la colonne de direction *m*
steering column lock antivol de direction *m*
steering gear mécanisme de direction *m*
steering geometry géométrie du train avant *f*
steering idler arm levier de renvoi de direction *m*
steering joint rotule de direction *f*
steering lever levier de direction *m*
steering linkage timonerie *f*
steering lock braquage *m*; [*to immobilize*] verrouillage du volant *m*
steering play jeu à la direction *m*
steering rack cremaillère de direction *f*
steering rake adjustment réglage du carrossage *m*
steering ratio rapport de démultiplication de la direction *m*
steering rod bielle de direction *f*

steering shaft bras de direction *m*
steering system système de direction *m*
steering wheel volant *m*
steering wheel clamp blocage du volant *m*
step [*machined into joint faces to relieve loads*] escalier *m*
stepless transmission transmission à variateur continue *f*
stepped en escalier
stepper motor moteur pas-à-pas *m*
stereo system système stéréo *m*
sticker vignette *f*
stiffener [*on tank*] raidisseur *m*
stirling engine moteur stirling *m*
stirrup [*for clamping*] étrier *m*
stop [*device*] arrêtoir *m*, butée *f*
to **stop** *vt* arrêter
to **stop** *vi* s'arrêter
stop and tail lights feux arrière et de stop *mpl*
stop-go driving conduite fractionnée *f*
stoplight feu de stop *m*
stop screw vis d'arrêt *f*, vis de blocage *f*
stop sign stop *m*
stopping distance distance d'arrêt *f*
storage bin bac de rangement *m*
storage pocket fourre-tout *m*
storage space espace de rangement *m*
storage tray vide-poche *m*
stowage bin vide-poche *m*, bac de rangement *m*
straight [*engine*] en ligne
straight bevel gears pignons coniques à denture droite *mpl*
strainer crépine *f*
strangler starter *m*
strap sangle *f*
stratified charge engine moteur à charge stratifiée *m*
streamlined aérodynamique
stress [*in components*] sollicitation *f*
stressed sollicité
striker plate gâche de porte *f*
striking mechanism mécanisme de sélection *m*
stroboscope stroboscope *m*
stroboscopic timing light lumière stroboscopique *f*
stroke temps (moteur) *m*, course (du piston) *f*
stroke-bore ratio rapport course-alésage *m*
strut béquille *f*, entretoise *f*
stub axle fusée de direction *f*
stud goujon *m*
studded tyre pneu clouté *m*
sub-frame sous-châssis *m*
SU constant vacuum carburettor carburateur monocorps à dépression constante *m*
suction chamber chambre d'aspiration *f*
suction disc disque de dépression *m*
suction governor régulateur à dépression *m*
suction pipe conduit d'aspiration *m*
suction strainer crépine d'aspiration *f*
sump carter d'huile *m*
sump guard protection de carter *f*
sump pan carter d'huile *m*
sunblind rideau pare-soleil à enrouleur *m*
sun gear planétaire *m*
sunroof toit ouvrant *m*
sun visor pare-soleil *m*
sun wheel roue solaire *f*
to **supercharge** suralimenter

supercharged suralimenté
supercharger compresseur *m*
supercharging suralimentation *f*
supermini citadine *f*
superstructure superstructure *f*
supply alimentation *f*
supply cable câble d'alimentation *m*
supply pipe conduite d'arrivée du combustible *f*
supply port orifice d'alimentation *m*
supply tank réservoir d'alimentation *m*
suppression lead câble antiparasite *m*
suppressor filtre d'antiparasitage *m*
surface [*of road*] revêtement *m*
surge protection diode diode de Zener *f*
surging [*of springs*] à-coup de suspension *m*
suspended vacuum servo servo suspendu *m*
suspension suspension *f*
suspension arm bras de suspension *m*
suspension bush bague de suspension *f*
suspension geometry géométrie de la suspension *f*
suspension levelling system système de correction d'assiette *m*
suspension rate flexibilité de la suspension *f*
suspension springs ressorts de suspension *mpl*
suspension stroke débattement de la suspension *m*
suspension strut entretoise de suspension *f*
suspension system système de suspension *m*
swashplate plateau oscillant *m*
swept volume [*volume swept by piston*] volume balayé *m*
swerve écart *m*
swing axle essieu oscillant *m*
swinging arm bras oscillant *m*
swinging beam system système à poutre oscillante *m*
swinging half-axle demi-essieu oscillant *m*
swinging shackle étrier oscillant *m*
swirl tourbillon *m*, turbulence *f*
swirl chamber chambre de turbulence *f*
switch interrupteur *m*; [*automatic*] contacteur *m*
to **switch off (the ignition)** couper le contact
to **switch on (the ignition)** mettre le contact
swivel-axis inclination inclinaison du pivot de fusée *f*
swivel joint pivot de fusée *m*
swivel pin pivot de fusée *m*
swivel seat siège pivotant *m*
synchromesh synchronisateur *m*, synchro *m*
synchromesh cone cône de synchronisation *m*
synchromesh gearbox boîte de vitesses synchronisée *f*
synchromesh gears vitesses synchronisées *fpl*
synchronization synchronisation *f*
synchronizing cone anneau de synchronisation *m*
synchronizing hub moyeu de synchronisation *m*
synthetic oil huile synthétique *f*
system-pressure regulator régulateur de pression *m*

T

tab-washer rondelle à languette *f*
tachograph tachygraphe *m*
tachometer tachymètre *m*, compte-tours *m*
tail [*of car*] arrière *m*
tailback embouteillage *m*
tailgate hayon arrière *m*, hayon *m*
tailgate lip rebord du hayon *m*
tailgate net pocket vide-poche arrière (dans le hayon) *m*
tailgate wash-wipe essuie-glace arrière *m*
tail lights feux arrière *mpl*
tailpipe tuyau d'échappement *m*
tailshaft arbre de sortie *m*
take-up point [*of clutch*] point de prise *m*
tamper-proof adjusting screw vis de réglage inviolable *f*
tandem axle pont tandem *m*
tandem master cylinder maître-cylindre tandem *m*
tank réservoir *m*
tanker (lorry) camion-citerne *m*
tap [*on fuel system*] robinet *m*
taper roller bearing roulement à rouleaux coniques *m*
tappet poussoir *m*
tappet block bloc poussoir *m*
tappet clearance jeu aux culbuteurs *m*
tappet guide guide de poussoir *m*
tappet spring ressort de poussoir *m*
tarpaulin bâche *f*
tarpaulin hook crochet de bâche *m*
tax taxe *f*
tax disc vignette (fiscale) *f*
T-bar roof toit à arceau en T *m*
TCP = Tri-Cresyl Phosphate
TCS = Traction Control System
tdc (= Top Dead Centre) PMH *m*
technician technicien *m*
teeth dents *fpl*
TEL = Tetra-Ethyl Lead
telescopic damper amortisseur télescopique *m*
telescoping télescopage *m*
temperature compensation network réseau compensateur de température *m*
temperature compensation resistor résistance compensatrice de température *f*
temperature control dial indicateur de température *m*
temperature gauge jauge de température *f*
temperature sensor capteur de température *m*
temperature sensor switch contacteur de température *m*
tempered safety glass verre de sécurité trempé *m*
tensile load charge de traction *f*
tensile stress contrainte de tension *f*, contrainte de traction *f*
terminal post borne *f*

test essai *m*; [*of car*] essayage *m*
test bench banc d'essai *m*
test centre [*for repairs*] centre d'essai *m*
test certificate certificat d'essai *m*
test cycle cycle d'essai *m*
test drive [*on road*] essai sur route *m*
to **test drive** essayer
test track piste d'essai *f*
tester essayeur *m*
tetra-ethyl lead plomb tétraéthyle *m*
theft deterrent faceplate cache-radio *m*
thermal conductivity conductivité thermique *f*
thermal efficiency rendement thermique *m*
thermal reactor réacteur thermique *m*
thermal shock choc thermique *m*
thermal switch thermocontact *m*
thermal vane-type flasher unit centrale clignotante thermique *f*
thermionic emission émission d'électrons *f*
thermistor thermistance *f*
thermodynamic efficiency rendement thermodynamique *m*
thermostat thermostat *m*, calorstat *m*
thermostatic coil bobine thermostatique *f*
thermostatic switch thermocontact *m*
thermostatic valve valve thermostatique *f*
thermo-syphon thermosiphon *m*
thickening agent agent épaississant *m*
thinking distance temps de réaction *m*
third gear troisième vitesse *f*; [*gearwheel*] pignon de troisième *m*
third motion shaft [*mainshaft*] arbre principal *m*
third party tiers *m*
third party fire and theft insurance assurance au tiers/incendie/vol *f*
third party insurance assurance au tiers *f*
thread filetage *m*
three-door model version trois portes *f*
three-element torque converter convertisseur de couple à trois éléments *m*
three-phase triphasé
three-piece rim jante trois-pièces *f*
three-point seatbelt ceinture trois points *f*
three-point turn demi-tour en trois manœuvres *m*
three-quarter vision visibilité de trois-quart *f*
three-speed gearbox boîte trois vitesses *f*
three-spoke steering wheel volant trois branches *m*
three-way catalytic convertor catalyseur à trois voies *m*
three-way closed loop catalytic converter convertisseur catalytique à trois voies en boucle fermée *m*
three-way oxidizing/reducing converter catalyseur trois voies oxydoréducteur *m*
three-wheeled vehicle, three-wheeler trois-roues *m*
throttle papillon *m*, papillon des gaz *m*
throttle body injection injection

dans le collecteur *f*
throttle by-pass by-pass de papillon *m*
throttle by-pass duct tube de contournement du papillon *m*
throttle cable câble d'accélération *m*
throttle line collecteur d'admission *m*
throttle opening ouverture du papillon *f*
throttle pedal switch contacteur de pédale d'accélération *m*
throttle response réaction à l'accélération *f*
throttle seizure blocage du papillon *m*
throttle spindle axe de papillon *m*
throttle stop butée d'accélération *f*
throttle stop adjusting screw vis de réglage de la butée d'accélération *f*, vis de réglage du volet papillon *f*
throttle stop screw vis de butée d'accélération *f*
throttle valve obturateur papillon *m*, volet papillon *m*
throttle valve switch contacteur de papillon *m*
throw [*of crankshaft*] bras de manivelle *m*
thrust bearing roulement de butée *m*
thrust washer rondelle de butée *f*
thyristor thyristor *m*
to **tick over** tourner au ralenti
tie-rod barre d'accouplement *f*
tie-rod yoke rotule d'accouplement *f*
tilt adjustment steering wheel volant réglable en inclinaison *m*
tilt and slide sunroof toit ouvrant entrebâillant et coulissant *m*
tilt cab cabine basculante *f*
tilt steering wheel volant réglable en inclinaison *m*, volant inclinable *m*
tilting sunroof toit ouvrant entrebâillant *m*
to **time the ignition** caler l'allumage
to **time the valves** caler la distribution
timed injection injection synchronisée *f*
timer temporisation *f*
timing case carter de distribution *m*
timing chain chaîne de distribution *f*
timing chain sprocket pignon de chaîne de distribution *m*
timing cover carter de distribution *m*
timing gear pignon de distribution *m*
timing mark repère de calage *m*
timing shaft arbre de distribution *m*
tinted shadeband bande pare-soleil *f*
tinted windows vitres teintées *fpl*
tipper camion à benne basculante *m*
tipping gear mécanisme de basculement *m*
tire *Am* pneu *m*
T-junction bifurcation en T *f*
toe-in pincement des roues avant *m*
toe-out ouverture *f*, pincement négatif *m*
toe-out on turns [*test for steering*] bâillement en virage *m*
toggle bascule *f*
tolerance tolérance *f*

toll péage *m*
toll booth poste de péage *f*
toll bridge pont à péage *m*
toll road route à péage *f*
tollway *Am* route à péage *f*
tonneau cover bâche *f*
tool outil *m*
tool kit trousse à outils *f*
tools outillage *m*
tooth dent *f*, cran *m*
toothed belt courroie crantée *f*
top: in top au rapport supérieur
top dead centre point mort haut *m*
top gear vitesse supérieure *f*
top gearbox ratio rapport de vitesse supérieur *m*
top-of-the-range haut-de-gamme
top piston-ring segment de feu *m*
top speed vitesse de pointe *f*
torque couple *m*, torque *m*
torque converter convertisseur de couple *m*
torque converter lock-up pontage du convertisseur de couple *m*
torque-limiting fan drive entraînement de ventilateur à limiteur de couple *m*
torque plate plateau absorbeur de couple *m*
torque strut barre de torsion *f*
torque-to-ton ratio rapport couple-poids *m*
torque-tube tube de transmission *m*
torque wrench clé dynamométrique *f*
torsion bar barre de torsion *f*
torsion bar spring ressort à barre de torsion *m*
torsional oscillation oscillation de torsion *f*
torsional shock choc en torsion *m*
torsional stress contrainte en torsion *f*
torsional vibration vibrations de torsion *fpl*
total resistance [*tractive resistance*] résistance totale à la traction *f*
total volume volume total *m*
touring car voiture de tourisme *f*
touring consumption consommation en vitesse de croisière *f*
to **tow** remorquer
tow ball rotule d'attelage *f*
tow rope câble de remorquage *m*
to **tow-start** démarrer en remorque
tow weight poids remorqué *m*
towing remorquage *m*
towing limit poids limite remorqué *m*
towing rod barre de remorquage *f*
towing rope câble de remorquage *m*
towing weight charge remorquable *f*
town and country tyre pneu à usage mixte *m*
toxic pollutant polluant toxique *m*
track [*of wheels*] écartement *m*
track arm bras de direction *m*
tracked *or* **tracklaying vehicle** véhicule à chenilles *m*
track rod biellette de direction *f*, barre d'accouplement *f*, bielle de connexion *f*
tracking [*alignment*] alignement *m*
tracta CV joint joint tracta *m*
tractability maniabilité *f*
traction traction *f*
traction control contrôle de traction *m*
traction control system système de contrôle de traction *m*
traction force force de traction *f*

tractive effort effort de traction *m*
tractive force force de traction *f*
tractive resistance résistance à la traction *f*
tractor [*of lorry*] tracteur routier *m*
traffic circulation *f*, trafic *m*
traffic cone dispositif conique (pour canaliser la circulation) *m*
traffic jam embouteillage *m*, bouchon *m*
traffic lights feux (tricolores) *mpl*, feux (de signalisation) *mpl*
traffic offence infraction au code de la route *f*
traffic pollution pollution automobile *f*
traffic programme [*radio*] informations routières *fpl*
traffic sign signal routier *m*
traffic warden contractuel(le) *m(f)*
trailer remorque *f*
trailer hitch fourche d'attelage *f*
trailing arm bras tiré *m*
trailing brake shoe segment de frein secondaire *m*
trailing shoe segment secondaire *m*
tramp [*of wheels*] rebondissement *m*, martèlement *m*
transaxle boîte-pont *f*
transducer transducteur *m*
transfer (gear)box boîte de transfert *f*
transfer lever levier de transfert *m*
transfer port orifice de transfert *m*
transfer pump pompe de transfert *f*
transformer transformateur *m*
transistor transistor *m*
transistorized transistorisé
transistorized breakerless ignition allumage à déclenchement statique *m*
transistorized ignition allumage transistorisé *m*
transmission transmission *f*
transmission brake frein sur transmission *m*
transmission shaft arbre de transmission *m*
transmission system système de transmission *m*
transport transport *m*
transporter camion pour transport d'automobiles *m*
transversal transversal
transverse transversal
transverse engine moteur transversal *m*
transverse link system système de bras transversaux *m*
transverse stabilizer stabilisateur transversal *m*
transversely [*mounted*] transversalement
tread sculpture *f*, bande de roulement *f*
tread bracing layer couche de renfort de la bande de roulement *f*
tread depth safety indicator indicateur d'usure *m*
tread plate repose-pied *m*
tread wear indicator indicateur d'usure *m*
tread width largeur de bande de roulement *f*
treble seat trois places *f*
tri-cresyl phosphate tri-crésyl phosphate *m*
triggering device dispositif déclencheur *m*
trim habillage *m*; [*external*] décoration extérieure *f*; ***seat trim*** garnissage des sièges *m*

trip computer ordinateur de bord *m*
trip odometer compteur journalier *m*
trip recorder compteur journalier *m*, totalisateur kilométrique journalier *m*
trolley jack cric rouleur *m*
trough [*in carburettor*] dépression *f*
truck camion *m*, poids lourd *m*
truck driver (chauffeur) routier *m*, camionneur *m*
trunk *Am* malle *f*, coffre *m*
trunk road (route) nationale *f*
trunnion tourillon *m*, palier *m*
T-section profilé en T *m*
tube tube *m*; [*tyre*] chambre *f*
tube radiator radiateur à tubes *m*
tubeless tubeless, sans chambre
tubular tubulaire
to **tune** [*engine*] régler
tungsten-halogen tungstène-halogène
tunnel tunnel *m*
turbine turbine *f*
turbine-powered à turbine
turbine runner turbine *f*
turbocharged engine moteur turbocompressé *m*
turbocharger turbocompresseur *m*, turbo *m*
turbocharging suralimentation par turbocompresseur *f*
turbo diesel turbodiesel
turbo-diesel engine moteur turbo-diesel *m*
turbo-supercharger turbocompresseur *m*
turbulence turbulence *f*
turbulence combustion chamber chambre de turbulence *f*
turn [*on coil*] spire *f*; [*on road*] virage *m*
to **turn** *vt* [*steering wheel*] braquer, tourner
to **turn** *vi* [*car, wheel*] tourner
to **turn over** [*engine*] tourner au ralenti
turn-off embranchement *m*
turnpike *Am* route à péage *f*
turning circle rayon de braquage *m*
turning effort effort de rotation *m*; [*steering*] effort de braquage *m*
turning moment moment de rotation *m*
turns lock-to-lock tours de volant de butée à butée *mpl*
TWI = Tread Wear Indicator
twin-barrel sequential carburettor carburateur séquentiel à double corps *m*
twin-cam double arbre à cames *m*
twin camshaft double arbre à cames *m*
twin carburettor double carburateur *m*; [*dual carburettor*] carburateur double corps *m*
twin-choke carburettor double carburateur *m*
twin-plug engine moteur à double bougie *m*
twin superchargers double turbocompresseur *m*
twin-tube telescopic damper amortisseur télescopique bitube *m*
twin turbo double turbo *m*
twin tyres pneus jumelés *mpl*
twist drill foret hélicoïdal *m*
twist grip commande par poignée *f*
twisting [*of frame*] torsion *f*
two-cylinder engine moteur deux cylindres *m*
two-door à deux portes
two-hole idling system circuit de

ralenti à deux gicleurs *m*
two leading shoe brake frein à deux mâchoires comprimées *m*
two-piece rim jante en deux éléments *f*
two-rotor engine moteur à double rotor *m*
two-speed wiper essuie-glace deux vitesses *m*
two-stroke deux temps
two-stroke cycle cycle à deux temps *m*
two-stroke engine moteur à deux temps *m*
two-tone horn avertisseur deux tons *m*
two-way converter catalyseur à deux voies *m*
two-wheel drive deux roues motrices *fpl*
tyre pneu *m*, pneumatique *m*
tyre chain chaîne (de pneu) *f*
tyre pressure pression des pneumatiques *f*, pression de gonflage *f*
tyre pressure gauge indicateur de pression de pneu *m*
tyre pump pompe (pour gonfler les pneus) *f*
tyre scrub ripage des pneus *m*
tyre size taille des pneumatiques *f*
tyre tread depth gauge indicateur d'usure (de pneu) *m*
tyre valve valve de gonflage *f*
tyre wear usure des pneus *f*
tyre wear warning system système indicateur d'usure des pneus *m*

U

U-channel tie bar traverse en U *f*
ultrasonic alarm alarme à ultrasons *f*
ultrasonic detection détection à ultrasons *f*
ultrasonic sensor capteur à ultrasons *m*
unblown [*engine*] à aspiration naturelle
unburned hydrocarbons imbrulés *mpl*
underbody bas de caisse *m*
underbody frame soubassement *m*
underbody shield tôle de protection inférieure *f*
under-correction sous-correction *f*, correction insuffisante *f*
under-inflation sous-gonflage *m*
underpass passage souterrain *m*
underrun protector barre anti-encastrement *f*
underseal couche anticorrosion *f*
undershield bouclier inférieur *m*

undersquare engine moteur dont la course est supérieure à l'alésage
to **understeer** sous-virer; ***a car that understeers*** une voiture sous-vireuse
understeer(ing) sous-virage *m*, comportement sous-vireur *m*
under-structure soubassement *m*
unidirectional clutch embrayage unidirectionnel *m*
uniflow two-stroke engine moteur deux temps uniflow *m*
union raccord *m*
union nut écrou de raccord *m*
universal hub/bearing puller arrache-moyeu/arrache roulement universel *m*
universal joint joint de transmission *m*, cardan de roue *m*
universal joint driving flange bride de transmission de cardan *f*
unleaded petrol essence sans plomb *f*
unlimited mileage kilométrage illimité *m*
unloaded weight poids à vide *m*
to **unlock** déverrouiller; [*security-locked steering*] débloquer
unlocking déverrouillage *m*
unsprung weight poids non suspendu *m*
up-and-down motion [*of piston*] mouvement alternatif *m*
up-change [*of gears*] passage à la vitesse supérieure *m*
updraught carburettor carburateur vertical *m*
upholstery garniture *f*
upshift [*of gears*] passage à la vitesse supérieure *m*
upstream side côté amont *m*
urban clearway rue à stationnement interdit (en ville) *f*
urban cycle cycle urbain *m*
urban expressway voie rapide urbaine *f*
urban fuel consumption consommation en ville *f*
usable bhp puissance utile *f*
used car voiture d'occasion *f*
U-tube tube en U *m*
U-turn demi-tour *m*

V

vacuum [*of venturi*] dépression *f*
vacuum advance avance à dépression *f*
vacuum advance control valve valve d'avance à dépression *f*
vacuum advance mechanism dispositif d'avance à dépression *m*

vacuum chamber chambre à dépression *f*
vacuum control unit commande à dépression *f*
vacuum gauge jauge à vide *f*
vacuum-operated acceleration pump pompe d'accélération à dépression *f*
vacuum-operated piston piston commandé par dépression *m*
vacuum reservoir réservoir à dépression *m*
vacuum retard retard à dépression *m*
vacuum retard mechanism capsule à dépression retard *f*
vacuum servo servo-frein à dépression *m*
vacuum tank réservoir à dépression *m*
vacuum timing control unit dispositif d'avance à dépression *m*
vacuum valve valve à dépression *f*
valance tablier *m*, doublure d'aile *f*, bouclier *m*
valve soupape *f*, clapet *m*, valve *f*
valve clearance jeu de soupapes *m*
valve gear train de soupapes *m*
valve grinding tool outil à roder les soupapes *m*
valve guide guide de soupape *m*
valve head tête de soupape *f*
valve lifter levée de soupape *f*
valve overlap angle de balayage *m*
valve seat siège de soupape *m*
valve spring ressort de soupape *m*
valve spring compressor outil à comprimer les ressorts de soupape *m*
valve stem queue de soupape *f*
valve tappet poussoir de soupape *m*
valve timing réglage de distribution *m*
valve train train de soupapes *m*
van fourgon *m*; [*small*] fourgonnette *f*, camionnette *f*
vane ailette *f*; [*of impeller etc*] aube *f*
vane compressor compresseur à palettes *m*
vanity mirror miroir de courtoisie *m*
to **vaporize** [*petrol*] vaporiser
vapour-compression compression des vapeurs *f*
vapour lock bouchon de vapeur *m*
vapour locking tampon de vapeur *m*
vapour pressure tension de vapeur saturante *f*
variable choke starter variable *m*
variable-depression [*carburettor*] à dépression variable
variable induction system système d'induction variable *m*
variable power assisted steering direction assistée variable *f*
variable-rate spring ressort progressif *m*
variable-resonance inlet manifold collecteur d'admission à résonance variable *m*
variable speed control régulateur de vitesse variable *m*
variable speed intermittent wipe essuie-glace intermittent à plusieurs vitesses *m*
variable-stroke self-regulating plunger-type pump pompe à course de piston variable auto-régulée *f*
variable torque split répartition de couple variable *f*
variable valve timing réglage de

distribution variable *m*
variable-venturi carburettor carburateur à venturi variable *m*
Variomatic CVT transmission à variation continue Variomatic *f*
VAT (= Value Added Tax) TVA *f*
V-belt courroie trapézoïdale *f*
VE = Volumetric Efficiency
vee belt courroie trapézoïdale *f*
vee engine moteur en V *m*
vehicle véhicule *m*
vehicle frame châssis *m*
Vehicle Identification Number numéro d'immatriculation du véhicule *m*
vehicle registration document carte grise *f*
V8 engine moteur V8 *m*
velcro strip bande velcro *f*
velocity velocité *f*
vent aérateur *m*
vent pipe tuyau de mise à l'air libre *m*
ventilated disc brake frein à disque ventilé *m*
ventilation ventilation *f*, aération *f*
ventilation air filter filtre à air de ventilation *m*
ventilation system système de ventilation *m*
ventilator ventilateur *m*
venting screw vis de mise à l'air libre *f*, vis de purge *f*
venturi throat col du venturi *m*
verge bas-côté *m*
vernier gauge vernier *m*
vertical-flow radiator radiateur vertical *m*
vertical overhead valve soupape en tête verticale *f*
V4 engine moteur V4 *m*
VI = Viscosity Index
vibration vibration *f*
vibration damper amortisseur de vibrations *m*
vice étau *m*
VIN = Vehicle Identification Number
visco-differential visco-différentiel *m*
viscosity viscosité *f*
viscosity index indice de viscosité *m*
viscous visqueux
viscous control unit dispositif de contrôle de viscosité *m*
viscous coupling visco-coupleur *m*
viscous fan drive entraînement de ventilateur de type visqueux *m*
viscous transmission transmission de type visqueux *f*
visibility visibilité *f*
visor visière *f*
voice synthesizer synthétiseur de paroles *m*
volt volt *m*
voltage tension *f*
voltage divider network réseau diviseur de tension *m*
voltage regulator régulateur de tension *m*
voltage transformer transformateur de tension *m*
voltmeter voltmètre *m*
volume volume *m*
volumetric alarm alarme antivol volumétrique *f*
volumetric efficiency rendement volumétrique *m*
volute volute *f*
vortex tourbillon *m*
V6 engine moteur V6 *m*
to **vulcanize** vulcaniser

W

wall paroi *f*
wankel engine moteur wankel *m*
warm-up regulator régulateur de montée en température *m*
warning buzzer avertisseur sonore *m*
warning light voyant *m*, témoin (lumineux) *m*, avertisseur lumineux *m*
warning sign signal de danger *m*
warning triangle triangle de présignalisation *m*
wash-wipe lavage-balayage *m*
washer rondelle *f*; [*on valve rocker*] cale *f*
washer bottle réservoir de lave-glace *m*
waste gate wastegate *f*, valve de régulation *f*
water circuit circuit d'eau *m*
water circulation circulation d'eau *f*
water-cooled refroidi par eau
water-cooled engine moteur à refroidissement par eau *m*
water cooling refroidissement par eau *m*
water distribution tube tube de distribution d'eau *m*
water drain cock robinet de vidange *m*
water-heated manifold collecteur chauffé par eau *m*
water hole passage d'eau *m*
water jacket chemise d'eau *f*
water jet gicleur d'eau *m*
water level niveau d'eau *m*
water pump pompe à eau *f*
water take-off pipe sortie d'eau *f*
water temperature gauge jauge de température d'eau *f*
water temperature warning light témoin d'alerte de température d'eau *m*
water tube tube répartiteur d'eau *m*
water vapour vapeur d'eau *f*
watt watt *m*
wax cire *f*
wax element thermostat thermostat à vérin à cire *m*
waxing [*of diesel*] paraffinage *m*
weak mixture mélange pauvre *m*
wear usure *f*
wear resistance résistance à l'usure *f*
web [*connects main journals to crank pin*] bras de manivelle *m*
webbing [*on seatbelt*] sangle *f*
weight distribution répartition du poids *f*
Welch plug bouchon d'étanchéité de bloc-moteur *m*
to **weld** souder
weld spot point de soudure *m*
welding soudure *f*
well-base rim jante à base creuse *f*
wet liner chemise humide *f*

wet weather tyre pneu pluie *m*
wheel roue *f*
wheel alignment parallélisme des roues *m*
wheel arch passage de roue *m*
wheel balancing équilibrage des roues *m*
wheel-balancing machine dispositif d'équilibrage des roues *m*
wheelbase empattement *m*
wheel brace clé en croix *f*
wheel bolt boulon de roue *m*
wheel chain chaîne (de pneu) *f*
wheel clamp sabot *m*
wheel cover enjoliveur *m*
wheel cylinder cylindre de roue *m*
wheel hop rebond des roues *m*
wheel lock(-up) blocage des roues *m*
wheel nut écrou de roue *m*
wheel rim jante de roue *f*
wheel shimmy phénomène de shimmy *m*
wheel spin patinage des roues *m*
wheel track alignement des roues *m*
wheel trim enjoliveur de roues *m*
wheel vent passage d'air de roue *m*
wheel wobble flottement des roues *m*
whip [*of shaft*] vibration *f*
to **whip** [*shaft*] vibrer
whiplash syndrome cervical traumatique *m*, coup du lapin *m*
white metal métal anti friction *m*
Whitworth thread filetage Whitworth *m*
width limit [*on road*] limitation de largeur *f*
to **wind down** [*window*] baisser
wind noise bruit aérodynamique *m*
wind roar bruit du vent *m*
windscreen pare-brise *m*
windscreen cleaner essuie-glace *m*
windscreen pillar montant de pare-brise *m*
windscreen washer lave-vitre *m*, lave-glace *f*
windscreen washer bottle réservoir du lave-glace *m*
windscreen washer jet gicleur de lave-glace *m*
windscreen wiper essuie-glace *m*, essuie-vitre *m*
windshield *Am* pare-brise *m*
windshield wiper *Am* essuie-glace *m*, essuie-vitre *m*
wind tunnel test essai en soufflerie *m*
wind-up [*of transmission*] voilage *m*
to **wind up** [*window*] lever
winding enroulement *m*, bobinage *m*
window vitre *f*, glace *f*
window frame cadre de fenêtre *m*
window winder lève-vitre *m*, lève-glace *m*
wing aile *f*, aileron *m*
wing mirror rétroviseur extérieur *m*
winter driving mode [*automatic gears*] mode de conduite hiver *m*
winter setting [*for transmission*] réglage hiver *m*
wiper essuie-glace *m*
wiper arm porte-raclette *m*
wiper blade raclette de balai *f*
wiper blade assembly raclette *f*
wire fil *m*, fil de fer *m*
wire brush brosse métallique *f*
wire wheel roue fil *f*
wiring câblage *m*
wiring harness *or* **loom** faisceau des fils *m*

wishbone suspension suspension triangulée *f*
wishbone transverse link system système de suspension triangulée transversale *m*
wobble-plate plateau oscillant *m*
wood panelling boiserie *f*
Woodruff key clavette Woodruff *f*
working gap jeu de fonctionnement *m*
working part élément mobile *m*
working stroke temps moteur *m*
workshop atelier *m*
workshop manual manuel d'entretien *m*
worm vis *f*
worm and roller steering direction à vis et galet *f*
worm gear engrenage à vis sans fin *m*
wrap-around bumper pare-chocs enveloppant *m*
wrapped bush bague roulée *f*
wrecker *Am* véhicule de dépannage *m*, dépanneuse *f*
wrench clé *f*
write-off épave *f*
W-slot piston piston à évidement à bossage *m*

XYZ

X-type bracing renfort croisé *m*
yaw lacet *m*
yawing moment moment de lacet *m*
yellow line ligne jaune *f*
to **yield** *Am* céder le passage
yield point limite élastique *f*, limite de rupture *f*
Y-junction fourche *f*
yoke chape *f*
zebra crossing passage (pour) piétons *m*
Zener diode diode Zener *f*
to **zero** [*trip recorder*] remettre à zéro
zeroed [*milometer*] à zéro
zig-zag marking marquage en zig-zag *m*
zinc-coated zingué
zone of vision périmètre de vision *m*

Annexes
Appendices

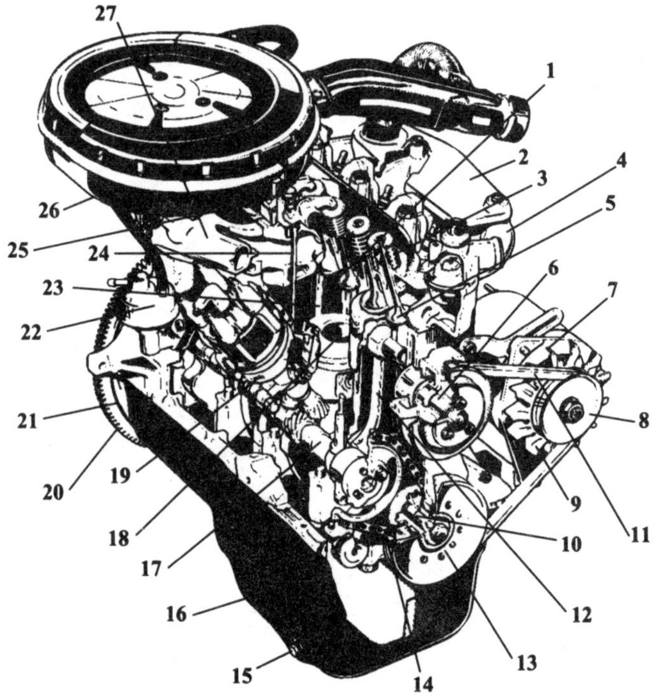

1 *paroi des cylindres*
cylinder wall

2 *boîte à chaleur du collecteur d'échappement*
exhaust manifold heat box

3 *ressort de soupape*
valve spring

4 *collecteur d'échappement*
exhaust manifold

5 *soupape*
valve

6 *pompe à eau*
water pump

7 *alternateur*
alternator

8 *poulie d'alternateur*
alternator pulley

9 *ventilateur*
alternator fan

10 *vilebrequin*
crankshaft

11 *courroie d'entraînement d'alternateur/pompe à eau*
alternator and water pump drive belt

12 *bielle*
connecting rod

13 *poulie de courroie trapézoïdale*
V-belt pulley

14 *chaîne de distribution*
timing chain

15 *bouchon de vidange*
drain plug

16 *carter d'huile*
oil sump

17 *arbre à cames*
camshaft

18 *tête de piston*
piston head

19 *distributeur*
distributor

20 *couronne*
ring gear

21 *volant moteur*
flywheel

22 *pompe à essence*
fuel pump

23 *chambre de combustion*
combustion chamber

24 *tige de culbuteur*
pushrod

25 *culbuteur*
rocker

26 *filtre à air*
air filter

27 *collecteur d'admission*
inlet manifold

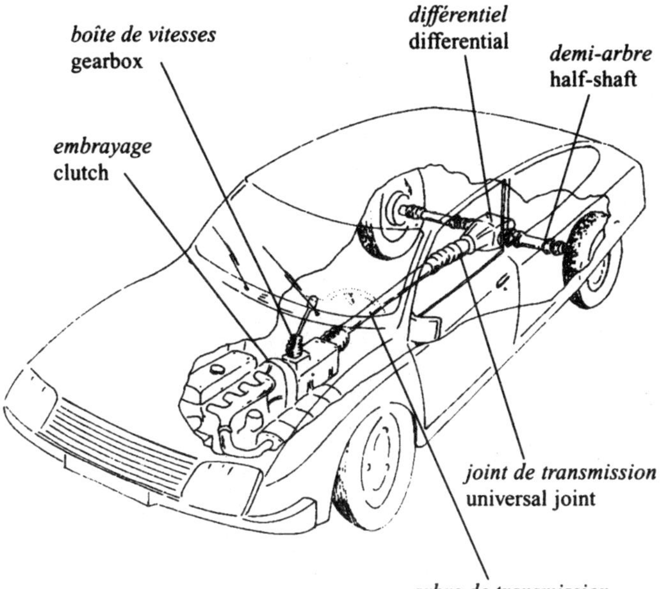
boîte de vitesses
gearbox
embrayage
clutch
différentiel
differential
demi-arbre
half-shaft
joint de transmission
universal joint
arbre de transmission
transmission shaft

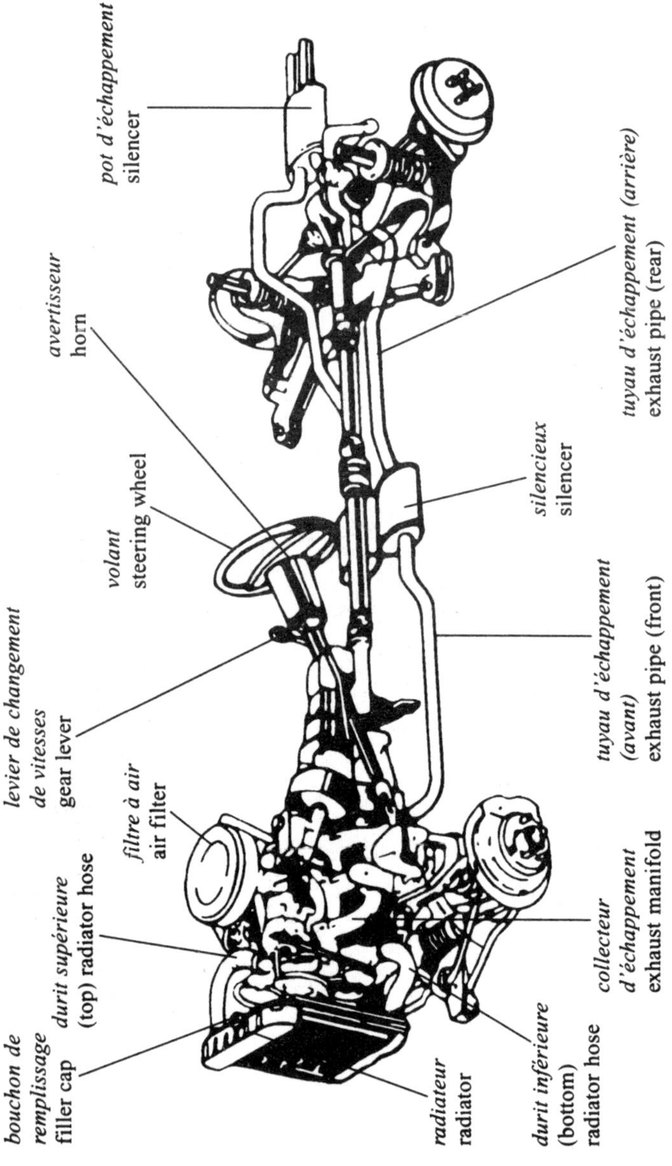
pot d'échappement
silencer
avertisseur
horn
volant
steering wheel
levier de changement de vitesses
gear lever
filtre à air
air filter
durit supérieure
(top) radiator hose
bouchon de remplissage
filler cap
tuyau d'échappement (arrière)
exhaust pipe (rear)
silencieux
silencer
tuyau d'échappement (avant)
exhaust pipe (front)
collecteur d'échappement
exhaust manifold
durit inférieure
(bottom) radiator hose
radiateur
radiator

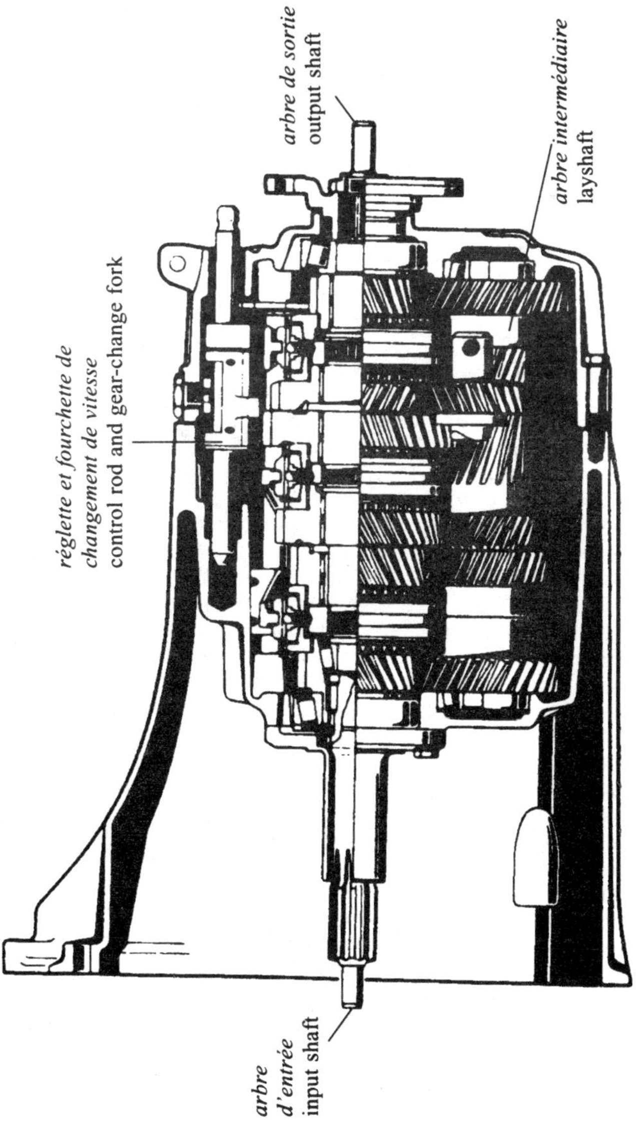
arbre de sortie
output shaft
arbre intermédiaire
layshaft
réglette et fourchette de
changement de vitesse
control rod and gear-change fork
arbre
d'entrée
input shaft

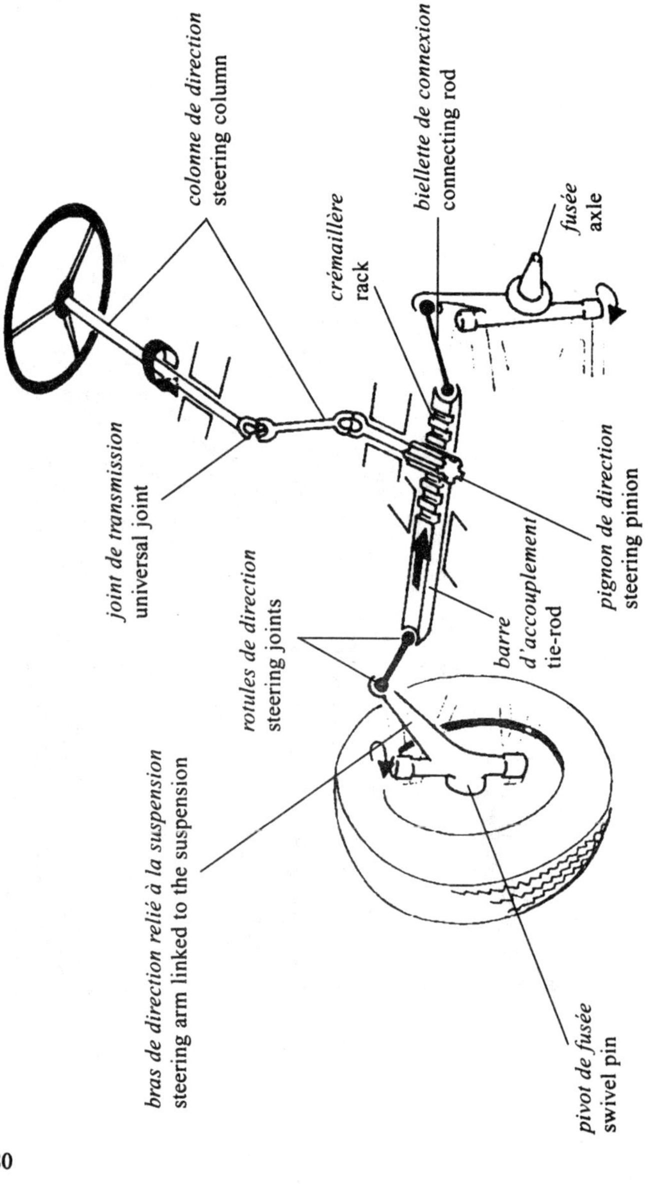
colonne de direction
steering column
biellette de connexion
connecting rod
crémaillère
rack
fusée
axle
joint de transmission
universal joint
pignon de direction
steering pinion
rotules de direction
steering joints
barre d'accouplement
tie-rod
bras de direction relié à la suspension
steering arm linked to the suspension
pivot de fusée
swivel pin

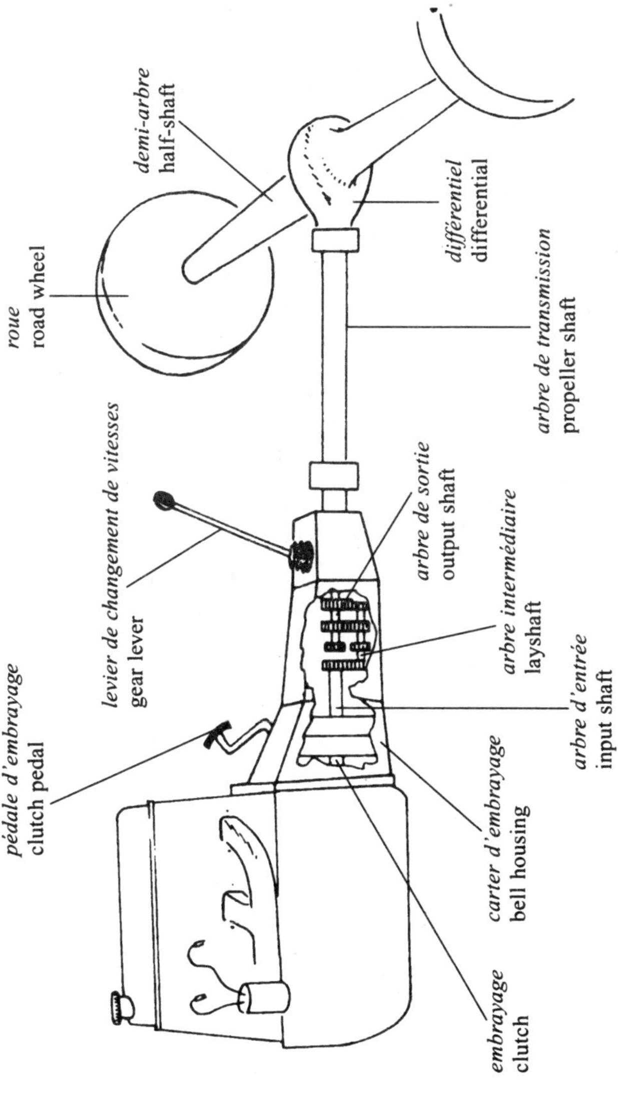
pédale d'embrayage
clutch pedal
levier de changement de vitesses
gear lever
roue
road wheel
demi-arbre
half-shaft
différentiel
differential
arbre de transmission
propeller shaft
arbre de sortie
output shaft
arbre intermédiaire
layshaft
arbre d'entrée
input shaft
carter d'embrayage
bell housing
embrayage
clutch

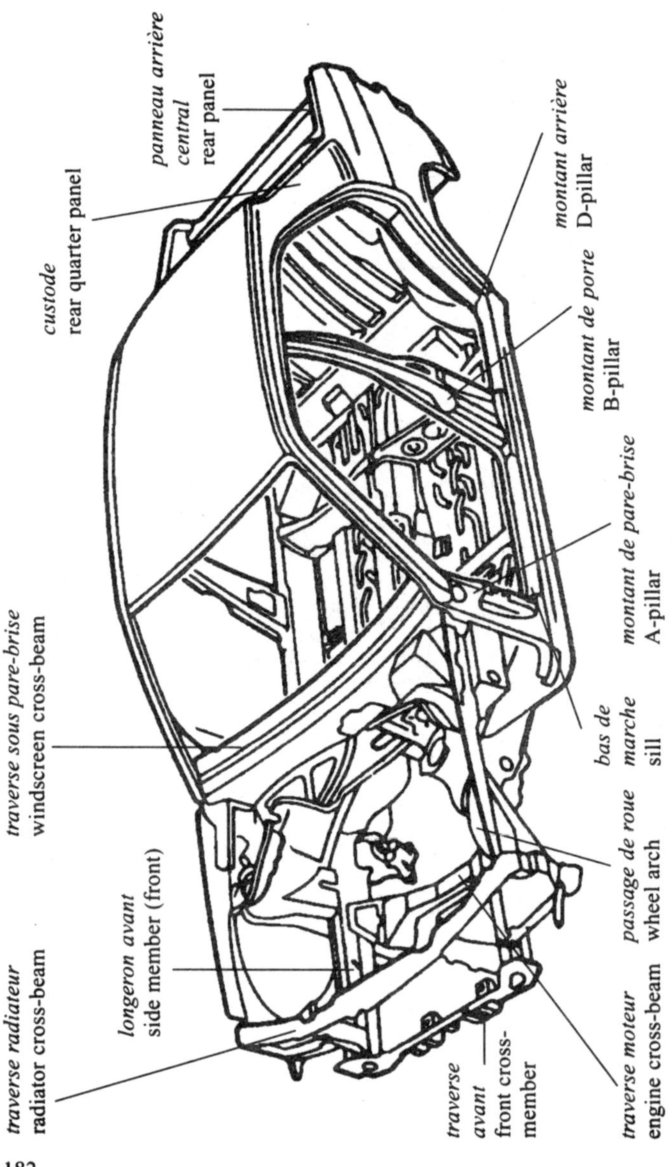
traverse radiateur
radiator cross-beam
longeron avant
side member (front)
traverse sous pare-brise
windscreen cross-beam
custode
rear quarter panel
panneau arrière central
rear panel
traverse avant
front cross-member
traverse moteur
engine cross-beam
passage de roue
wheel arch
bas de marche
sill
montant de pare-brise
A-pillar
montant de porte
B-pillar
montant arrière
D-pillar

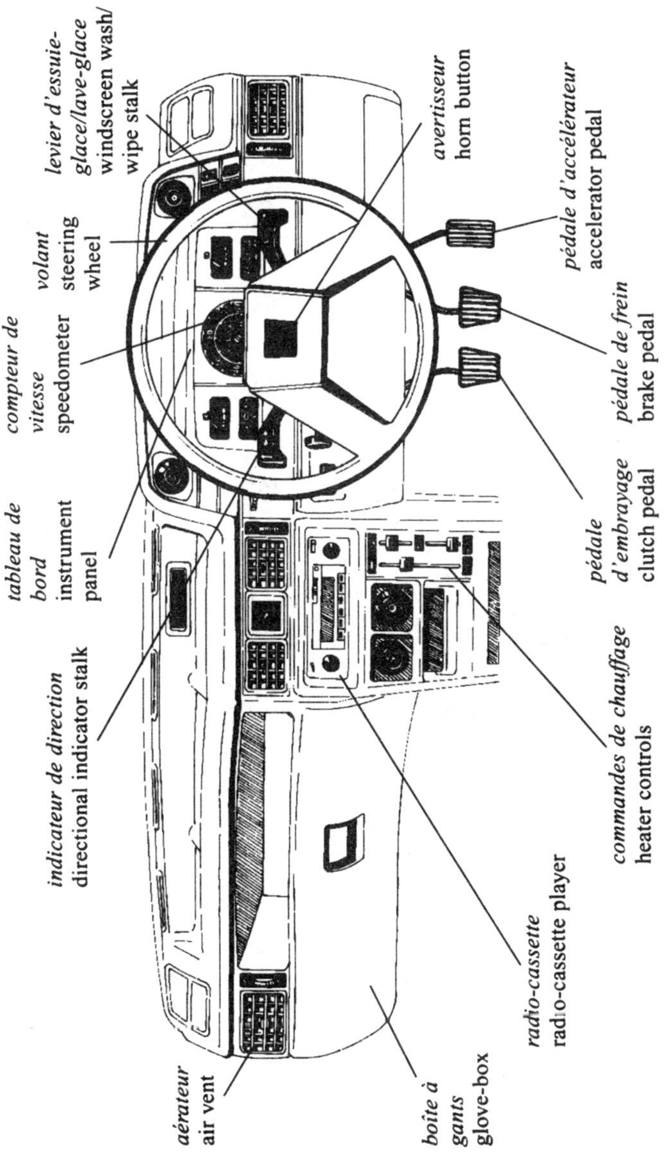
levier d'essuie-glace/lave-glace
windscreen wash/wipe stalk
volant
steering wheel
compteur de vitesse
speedometer
tableau de bord
instrument panel
indicateur de direction
directional indicator stalk
aérateur
air vent
avertisseur
horn button
pédale d'accélérateur
accelerator pedal
pédale de frein
brake pedal
pédale d'embrayage
clutch pedal
commandes de chauffage
heater controls
radio-cassette
radio-cassette player
boîte à gants
glove-box

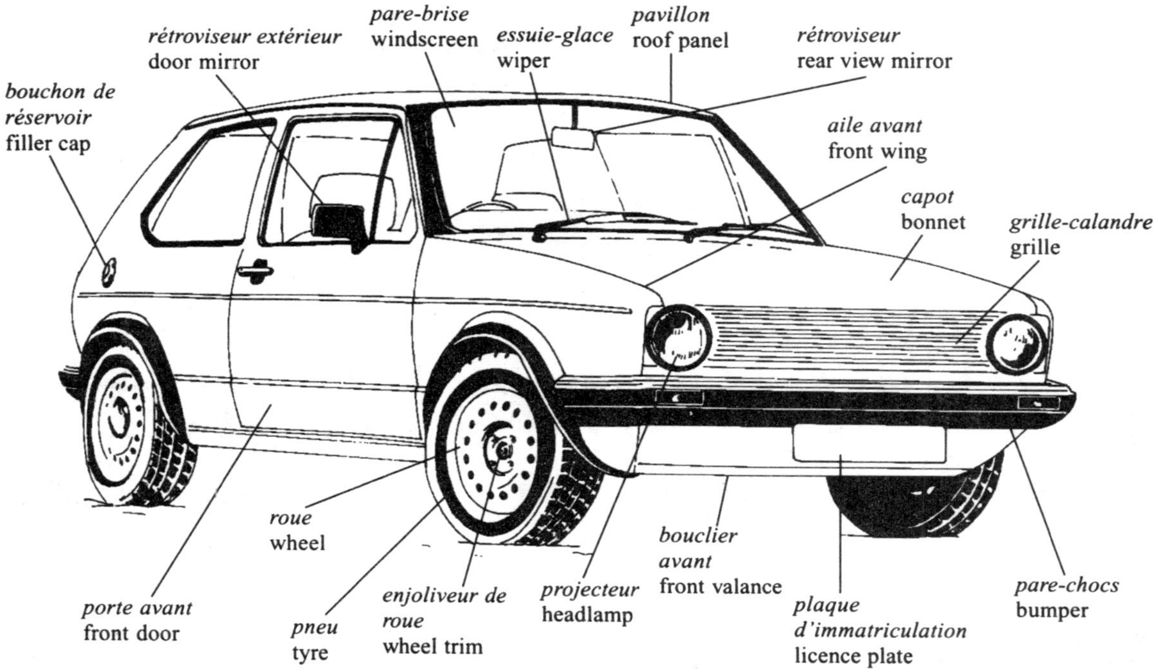

bouchon de réservoir
filler cap
rétroviseur extérieur
door mirror
pare-brise
windscreen
essuie-glace
wiper
pavillon
roof panel
rétroviseur
rear view mirror
aile avant
front wing
capot
bonnet
grille-calandre
grille
porte avant
front door
roue
wheel
pneu
tyre
enjoliveur de roue
wheel trim
projecteur
headlamp
bouclier avant
front valance
plaque d'immatriculation
licence plate
pare-chocs
bumper

La conduite (Royaume-Uni)

En Grande-Bretagne et en Irlande, on conduit sur le côté gauche de la chaussée. Sur l'autoroute et les routes à deux voies on ne peut dépasser que par la droite.

À l'approche d'un rond-point, on doit laisser la priorité aux véhicules déjà engagés.

Limitations de vitesse:

* *sur autoroute - 70 mph (110km/h)*
* *sur route à double voie - 70 mph (110 km/h)*
* *sur route à voie unique - 60mph (95km/h) sauf indication contraire*
* *en agglomération - 30 mph (50km/h)*

Le taux maximal d'alcoolémie autorisé est de 0,8 g/l de sang.

Assurance (auto)

Pour conduire au Royaume-Uni, vous devez avoir sur vous votre attestation d'assurance et la carte grise du véhicule.

Driving (France)

To drive in France, a UK citizen must be 18 or over.

It is compulsory to carry a warning triangle and/or have hazard warning lights.

When driving in France, you must give way to any vehicle coming from the right unless the signposts indicate that you have priority. You must give way to traffic already on a roundabout.

Speed limits:

* towns - 50km/h (30mph)
* rural - 90km/h (56mph)
* dual carriageway - 110km/h (70mph) (Belgium 120km/h (75mph))
* motorway - 130km/h (80mph) unless otherwise indicated (Belgium 120km/h (75mph))

Unless your headlights have manual adjustment, you will need clip-on beam deflectors or PVC strips for night driving.

The legal limit for alcohol when driving is 70mg/100ml of blood.

Insurance (driving)

France: minimum third party insurance is required, and a "green card" is recommended. This can be obtained from your insurance company. Further insurance is needed to cover breakdown and recovery costs.

Longueur/Length

m = $^{km}/_8$ x 5; km = $^{m}/_5$ x 8

km	1,61	3,22	4,83	6,44	8,05	9,66	11,27	12,88	14,48	16,09
km/miles	1	2	3	4	5	6	7	8	9	10
miles	0.62	1.24	1.86	2.49	3.11	3.73	4.35	4.97	5.59	6.21

Poids/Weight

lb = $^{kg}/_5$ x 11; kg = $^{lb}/_{11}$ x5

Volume/Volume

1 litre = approximately 1¾ pints or 0.22 gallons

litres	4,55	9,09	13,64	18,18	22,73	27,28	31,82	36,37	40,91	45,46
litres/ gallons	1	2	3	4	5	6	7	8	9	10
gallons	0.22	0.44	0.66	0.88	1.10	1.32	1.54	1.76	1.98	2.20

N.B. : *les anglophones indiquent la décimale en utilisant un point.*
In France the decimal point is indicated by a comma.

Mesures Internationales/Metric Measures

Longueur/Length

1 mètre (m)	= 100 cm	= 1.0936 yards (yds)
1 kilomètre (km)	= 1000 m	= 0.6214 mile

Surface/Area

1 cm^2	= 100 mm^2	= 0.1550 square (sq.) in
1 m^2	= 10000 cm^2	= 1.1960 sq. yds

Capacité/Capacity

1 litre	= 1 dm^3	= 0.2200 gallon

Mesures britanniques/Imperial Measures

Longueur/Length

1 foot	= 12 inches	= 0,3048 m
1 yard	= 3 feet	= 0,9144 m
1 mile	= 1760 yards	= 1,6093 km

Surface/Area

1 sq. inch		= 6,4516 cm^2
1 sq. foot	= 144 sq. ins	= 0,0929 m^2

Capacité/Capacity

1 cu. inch		= 16,387 cm^3
1 cu. foot	= 1728 cu. inches	= 0,0283 m^3
1 gallon	= 8 pints	= 4,5461 litres

Mesures US: liquides/US: liquid measures

1 US gallon	= 0.8327 UK gal	= 3,7853 litres